ぽつん風俗に行ってきた！

子門 仁

Research Report of Potsun Fuzoku
text by Jin Shimon

彩図社

はじめに

本書は、風俗ライターである筆者がこれまで訪れ、実際にプレイをした『ぽつん風俗』を紹介するものである。……などと書いてみたが、おそらくこれを読んでいる多くの方が「そもそも『ぽつん風俗』とはなんぞや？」と思っているのではないだろうか。

『ぽつん風俗』とは、繁華街や風俗街ではない場所……たとえば住宅街や商店街に一軒だけ佇んでいる店舗型の風俗店のことを指す。あるいは、新宿や池袋のような盛り場で、メインから少し離れた場所でぽつんと営業している店も含まれる。みなさんも経験がないだろうか。街を歩いていたら「なんでこんなところに風俗店が⁉」と驚いた経験が。街角で「いきなり⁉」という感じで遭遇したことが。それが本書でいうところの『ぽつん風俗』である。

『ぽつん風俗』は、昭和から平成へ、時代が移り条例が変わる中を生き延びてきた。それゆえに〝外見的〟に味のある物件が多い。また、そのきわめて特異な立地から非常に入りにくい店もあるし、都市伝説的な噂があったり、「熟女の巣窟」などといったキナ臭い評判にまみれた店もあったりする。そうした風俗店に持ち前の好奇心だけを頼りに突入し、レポートとしてまとめたのが本書である。

　紹介している風俗店は、合わせて20店舗超。東京都内の店が中心だが、千葉県や神奈川県、埼玉県といった東京近郊、さらには熱海、四国の松山、大阪・阿倍野といった地方の印象深い『ぽつん風俗』も取り上げている。いずれも筆者が自腹で訪れた店であるが、中には数年前に衝動的に遊んだために、記憶がやや曖昧になっているような店舗もある。本書の執筆にあたっては可能な限り再訪問したが、風俗業界の流れは早い。プレイ料金、営業時間など、最新事情をフォローしきれていないケースもあるかもしれない。その点はご了承いただきたい。

　なお、本書に書いたことは、あくまでも筆者の個人的な感想である。店舗で体験したことを素直に記しているため、宣伝を目的とした風俗情報媒体にはまず掲載できないようなことも書いている。そのため、店舗名に関しては正式名称はあえて載せず、掲載順に「A」「B」「C」とアルファベットを割り振らせていただいた。店舗の実名を個人で詮索することは止めないが、「どこの店？」「名前を教えてくれ」といったご要望には、筆者および編集部は応えかねるので、その点もお許しいただきたい。

　さて、前置きはこれくらいにして、本編を開始しよう。色々と書いたが、本書の一番の目的は『ぽつん風俗』の魅力を紹介すること。「こんな風俗店があるんだ！」、「すごいシチュエーションだ」などと驚き、面白がっていただければ幸いだ。

ぽつん風俗に行ってきた！ 目次

【第二章】艶街のぽつん風俗 49

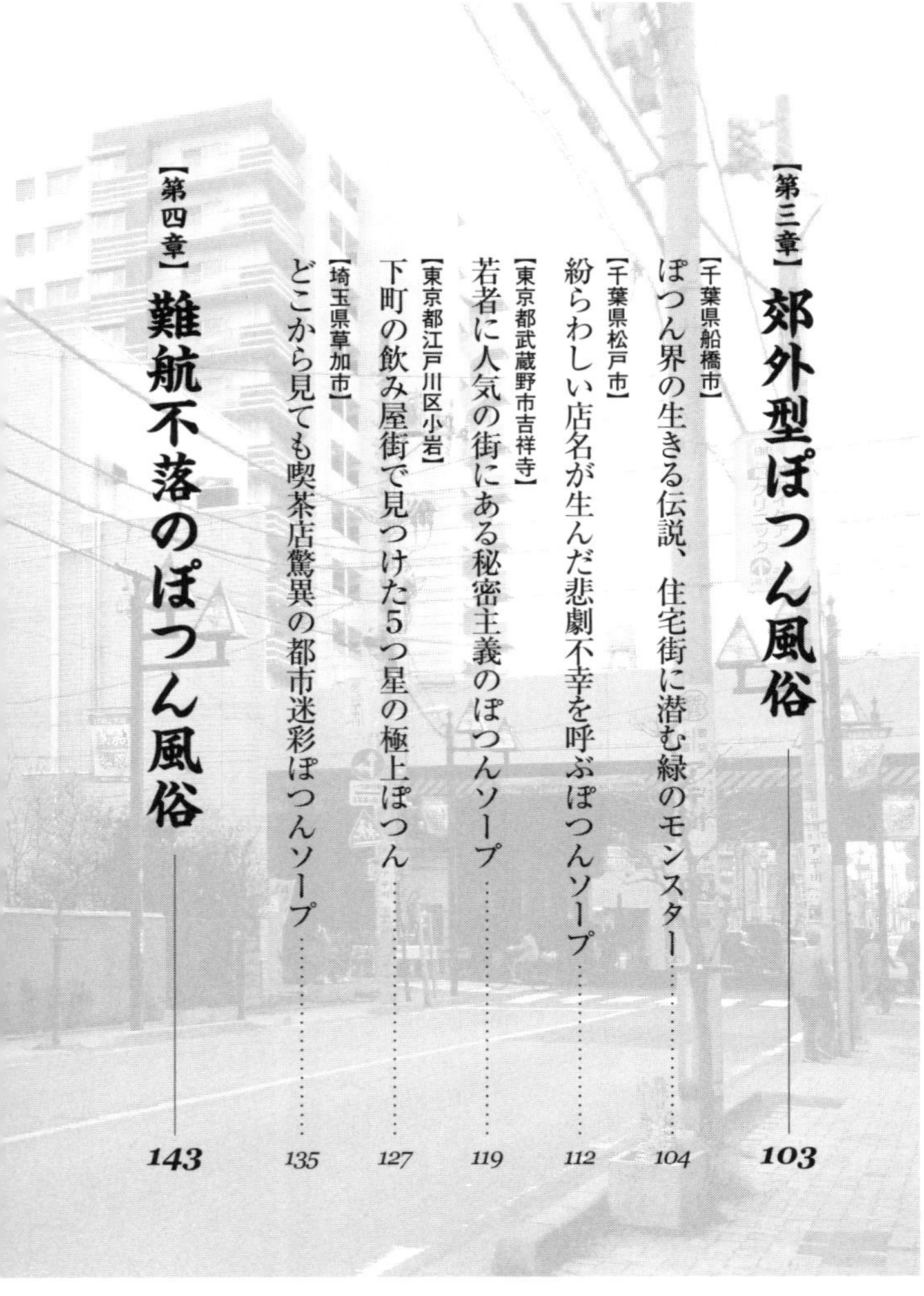

※本書は２０１８年5月までに取材に基づいております。また、サービスの内容等も著者の体験に基づいたものです。店舗の営業状況などは、その後の事情で変更になる可能性がありますので、ご了承ください。

【第一章】

基本のぽつん風俗

【東京都新宿区新大久保】

ぽつん風俗の最高峰、限りなく民家な和風箱ヘル

改めて『ぽつん風俗』の定義を考えてみると、自分自身で提唱しておきながらも申し訳ないことに「なんなのでしょうか？」となってしまうことが多々ある。

なぜなら店舗によって〝ぽつん度〟が異なるからだ。大まかに言えば非風俗街に一軒だけ存在する物件、風俗街に存在しながらも一軒だけ離れた場所にぽつんと建てられている物件、どちらも『ぽつん風俗』だ。周囲と調和できずに浮いている感じといえばわかりやすいだろうか。

本稿で紹介する『A』（仮称）は場所としては、新宿区大久保のこのうえない立地にあり、ぽつん度は高い。しかし、周囲と調和してしまい気付かない人が多いのだ。気づかれないならば〝ぽつん〟という概念そのものが成り立たないのでは？　そう思ってしまう。

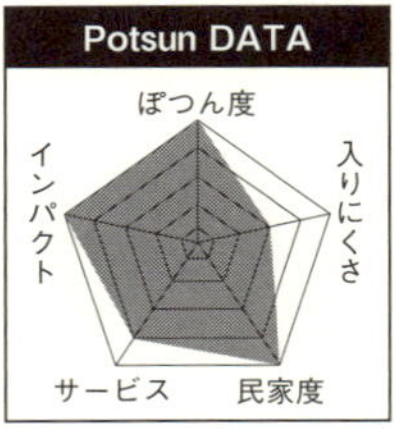

これが問題の『A』。古びた民家を思わせる、侘しくも味わいのある佇まい。

いや、正確にいえば、その建物の存在に気付いている人は多い。しかし、「え？　あそこって風俗店だったの？　普通の民家だと思ってた」とか「料亭か旅館かと思ってました」という声を聞く。つまり、それだけ風俗店には見えないのだ。存在感の有無が五分五分ゆえに筆者個人は「『ぽつん風俗』としてはいかがなものか？」と思ってしまった次第。

●口コミサイトで囁かれる不穏な噂

この『A』は、とにかく民家然としていて風俗店には見えない。しかも、そこだけ昭和の日本という佇まいを残している。そして、これは長年、風俗業界に身を置き、通っている者としての嗅覚というか、感覚的なものであるが、なんとなく、「在籍キャストも昭和チックなのでは？」と思わせる雰囲気を漂わせているのだ。そのため、いつかは遊んでみようとは思いつつも、尻込みしている自分がそこにいた。

この『A』、なにしろとにかく情報が少ない。

『A』はしばし我々の間で「どんな店なのだろう？」といった感じで話題にのぼることがある。というのも、公式サイトは存在するが、媒体への広告出稿が極端に少ないらしく、筆者の周辺の風俗媒体関係者も『A』がどんな店なのかを理解している者がいないのだ。

また、口コミサイトを見ると尻込みさせるような評価が少なくないことも、足を遠退かせる理由になっていた。「何十年も、あの店に住み込んでいるお婆ちゃんキャストがいる」という悪い冗談のような噂もある。ようするに、かなりの熟女店ということだ。もしも、筆者が10歳若かったら「風俗ライターとしては突入するしかない！」と意気込めたハズだ。しかし、四捨五入で五十路に突入したこともあって、残り少ない精子弾を無駄撃ちしたくない……そう思っていた。

その禁を破ることになったのは3年前……2015年のことだ。

この『A』の存在を面白がった某ポータルサイトの編集者から取材の依頼を受けたのだ。当時、筆者はこのサイトでアダルト系の記事を書いていて、『A』の存在、そして筆者が踏み込めない理由を話したところ、「ウチで経費を持つのでプレイして、匿名レポートにしませんか？」と言ってきた。まさに渡りに船である。自分の懐が痛まないのであれば、たとえ心が痛んだとしてもダメージは少ないだろう。といっても30分で6000円（潜入時）なのですけどね、料金は。『A』は実に東京屈指の激安店でもあるのだ。これならば、たとえ不発弾になっても無駄撃ちにはならない。そう思って、いざ出陣したが……。

●ついに『A』の内部に潜入…

いかにも民家チックな物件を前に筆者は尻込みをしてしまった。なんとなく「ひやかし禁止」というオーラが漂っていて、ヨコシマな気持ちで遊ぼうと思っている筆者を制止している感じなのだ。それでも意を決して暖簾がかかった門をくぐろうとした時のこと。通りを歩いてきた女性が目を丸くして驚いていた。その目は「そこに入るんですか？」と言っているようでもあった。おそらく、近所に住んでいるものの、この建物に入ろうとする者を初めて見たのだろう。

なんとなく古い旅館に入る感じで玄関を開けると男性スタッフが片膝立ちで迎えてくれた。番頭然としていて、まさに由緒正しき旅館という感じだ。

待合室で待つこと5分。スタッフに呼ばれてキャストさんとご対面。この『A』のウリは「和服姿でお出迎え」である。たしかに和服ではあったが、いささか安物の浴衣という感じは否めず。まぁ、〝和〟の装いには違いない。ただ、おそらく（この時点では）40代と思われる風貌の彼女には絶妙にマッチしていた。昭和エロスのような妖艶な淫らさをかもし出していたのだ。

そのまま彼女に導かれて2階へ。和装姿の女性にエスコートをされて民家の階段を上るという行為が、四国某所で体験したちょんの間を連想させる。プレイルームに入ると、四畳半程度の広さに小さなシャワーブースがあった。それを見て「あぁ、箱ヘルなんだな」と再確認させられる。そして、部屋にはキッチリと敷かれた布団が一組。布団にかけられた白いシーツが暗い部屋の中に浮かび上がる感じがして、絶妙な卑猥さが漂っていた。

●ベテランの技巧に翻弄される

今回は30分コースということで、入室後、すぐに脱衣してしまったが、時間があったら和装の脱がせ合いもしてみたい……。

そう思わせる雰囲気の中、まずは身体を洗ってもらう。

時間の関係上、そしてシャワールームが狭いこともあるのだろう。会話もそこそこに手早く洗われたので彼女の調査はできなかったが、顔をよく見ると目尻にシワが……。40代かと思っていたが、おそらく、アラフィフ世代、もしくは50代半ばかもしれない。よくみると肌もたるんでいて艶もイマイチだ。値段相応なのだろうな……このときはそう思った。

『A』を別角度から。通りを歩く外国人女性も、まさかここが風俗店だとは思うまい。

シャワーを済ませるとベッドイン……いや、布団インした。絶妙に湿気が残っているというか……やはり、ちょんの間を連想させるものがある。

しかし、プレイが始まるとそんな憂鬱な気分も次第に吹き飛んでいく。その女性のテクニックがバツグンだったからだ。おそらく筆者の相手になった彼女は、かなり経験が豊富なのだろう。熟女ならではの気遣いと、ベテランそのものの熟練されたテクニックで、責めまくってきたのだ。時間的なこともあって基本的には受け身一辺倒であったが、短いと思った30分のプレイ時間でも十分な内容だった。

とくにフェラチオは、まず、亀頭に舌先を絡めてきたかと思えば、ズッポシと根本までしゃぶる。その一連の動作を見事なまでにリズミカルに繰り返すのだ。何度も腰を水揚げされた魚のようにビクンビクンさせてしまったほどで、筆者がこれまでに体験したフェラの中では10本の指……いや、10本の舌に入るものだった。それほど絶品フェラであり、個人的には嬢があと10歳若かったら言うことはなかっただろう。

いま振り返れば、『A』の佇まいも筆者の気分を盛り上げるのに一役買っていたのではないかと思う。たとえば同じ熟女風俗でも、熟女デリヘルでラブホテルの部屋を使って淫らなことをすると「これはプレイだ」という気持ちになれる。おそらく、〝風俗スイッチ〟のようなものが入るのだろう。その点、『A』でのプレイはどんなにプレイだと言い聞かせても、民家然とした内装などやけにリアルな感じが筆者の風俗スイッチを入れさせてくれないのだ。だから、フェラをされると、どこかで罪悪感と背徳感を覚えてしまった。それも、この店の醍醐味なのだろうけど……。

●『ぽつん風俗』とは〝世界観〟を味わうもの

かくして、いろいろな話題を提供してくれた新宿区の『A』は、たしかに熟女が出てきたが、老婆ではなかった。しかも匠の技を持ったスペシャリストであったし、かえって客として変に気をつかわなくてはならない若い女のコが相手よりも良かったかもしれない。料金と充実感を考えると、かなりお得な『ぽつん風俗』なのではないか？

この突入後に件の媒体の編集者から感想を聞かれた。おそらく、噂にあったような面白おかしい回答が欲しかったと思う。しかし、ここは素直に、たしかに熟女店ではあったが優良店であることを伝えた。そして、「とくにフェラが良かった」と答えた。すると、彼は待ってましたとばかりにこう言った。

「民家みたいな店でフェラが良かっただなんて……まさに〝民パク〟ですね！」

満面の笑みを浮かべ、してやったりの表情を見ると、たぶん、彼はこのギャグを言いたくて、筆者を『A』に突入させたのではないか？　そう思ってしまうほど御粗末な顛末であった。

【東京都北区中里】

山手線の沿線に佇む孤高のぽつんソープ

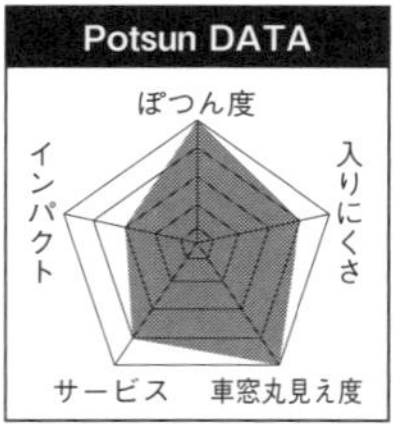

風俗ライターとして様々な媒体に記事を書いているが、取材対象の9割は東京の店だ。取材の際は基本的に電車移動なのだが、降車する駅は限られている。

たとえば、２０１６年の手帳を開いて仕事の記録をたどってみると、山手線で一番利用したのは鶯谷駅か池袋駅だ。次いで新宿、大塚、五反田、渋谷、新大久保、新橋、日暮里、西日暮里、神田、巣鴨、上野……の順番になる。ようするに最寄りの場に風俗街がある駅である。

逆に東京、秋葉原、田端、駒込、目白、高田馬場、代々木、原宿、恵比寿、目黒、大崎、品川、田町、浜松町、有楽町はほとんど使わなかった。理由はもちろん、風俗街がないから取材の依頼もないからである。

ソープランド『B』。道路を挟んだ向かいには、ＪＲ山手線が走っている。

しかし、そのような駅にこそ『ぽつん風俗』が潜伏している可能性がある。事実、ページ数の都合で取り上げないものの、恵比寿や高田馬場にはそれぞれ1軒ずつ、『ぽつん風俗』が確認されている。本書に続編があれば紹介したいと思う。

●車窓に見えた『ソープ』の文字

話を戻すと、風俗ライターはフリーランスでも〝職場〟は決まっているようなもの。毎日、同じような風景を見て過ごすことになる。

さて、話は筆者がそんな風俗ライター生活を始めた頃のことにさかのぼる。筆者は鶯谷から池袋に向かう山手線の内回り電車に乗っていた。あいにく車内は混んでいて、進行方向にむかって右側のドアにもたれて流れる車窓をみていた。まぁ、ようするにボ～っとしていたわけだ。

すると、筆者の目に『……プランド』という文字が飛び込んできた。注意して見ていたわけではないので、流れ去ったという感じだ。

「……プランド？　まぁ、ソープランドしかないよな……。でも、もしかしてブランドの見間違えかもしれないし、質屋か何かかもしれないし」

最初はそう思った。そうこうしているうちに電車は駅に着いた。駒込駅だった。

「あの看板は何だったのか？」

考えれば考えるほど気になってきた。幸い時間に余裕があったので、反対側の外回り電車に乗り、隣の田端駅に向かった。そして田端駅で再び反対側の内回り電車に乗って駒込駅に戻る。もちろん、今度は窓の外の流れる景色を凝視しながら……。

田端駅を出発して1分ほど走った頃だろうか。あった！　しっかりと『ソープランド』と書かれた看板があるではないか！　もう知ってしまったからには素通りはできない。筆者は翌日、山手線から見えたソープランドを訪れた。二十数年前のことである。

●脳裏に刻まれた苦い思い出

駒込駅自体、改札をくぐって降りるのは、その時が初めてであった。東口の駅前の商店街は今よりも活気があったと覚えている。しかし、筆者が目指すのは線路沿いの『ぽつん風俗』店だ。スグに着くだろうと思っていたが、けっこう遠いではないか！　電車ではアッという間のことだったが歩くと時間がかかる。

やっとの思いでたどり着いたソープランド『B』（仮称）を前に、20年前の筆者ははやる気持ちを抑えつつ店のドアを開けた。が、数分後には筆者の期待はもろくも打ち砕かれる。本日の相手として現れたのが当時の自分の母親世代の女性だったからだ。部屋は薄暗かったにも関わらず、その中でもシワがはっきりわかるほどだった。ちなみに、この時点で筆者のソープ体験は先輩に連れていかれた吉原の中級店を皮切りに数えるほどで、それなりに良い想いをしてきた。いわば初めて味わった挫折。少し大げさに言えばトラウマにすらなっていた。

今、思い返してみると当時は風俗に関する情報量が現在よりも圧倒的に少なかった。まず、ネットの公式サイトも皆無に等しかったし、『口コミサイト』があるわけでもなかった。頼みの綱は紙媒体であったが、そこに目当ての店の情報が載っているとは限らない。それでも興味本位で『B』に入店してしまったことが敗因だ。プールに飛び込んでみたら水が張ってなくてケガをしたようなものである。

●編集部からの非情な指令

時が過ぎて、『B』での出来事もスッカリと忘れていた2017年1月のこと。筆者は本書の打ち合わせで彩図社編集部に呼ばれた。担当のG氏が「『ぽつん風俗』といえば、駒込と田端の間に……」と切り出した。正直、ドキッとした。さらに、「当然、行ったことがありますよね？　あそこも入れませんか？」と言われてしまった。よりによって『B』に興味を持つとは……。約20年前のトラウマがよみがえって、思わず口ごもる筆者。反論する暇もなくラインナップに加えられてしまったのだ。

編集部からの帰り道、筆者は頭を抱えてしまった。困ったぞ……なにしろ当時の思い出が思い出だ。しかし、仕事だから逃げるわけにはいかない。意を決した筆者は約20年ぶりに『B』を訪れることにした。

今は『B』も公式サイトがある。在籍嬢も前もってチェックできるし、料金が40分でジャスト大1枚からという激安店であるので、失敗しても懐はさほど痛まない。それでも、やはり、駒込駅東口から『B』に向かう足取りは少し重かった。

●20年ぶりの再訪

店を目の前にして、改めて驚いたのは、そのシチュエーションだ。両隣をハイムとハイツ、つまりアパートに挟まれている中に存在しているのだ。これは、かなりのぽつん度数だ。とはいえ、ドアの前には壁があるので、入っていく決定的な瞬間は外部から見られることもない。

隣はごく普通のマンション。周囲は住宅街のため、『B』の存在は完全に浮いている。

なかなか配慮のある『ぽつん風俗』ではないか！　これで当初は意を決して……と思った入店もスンナリといった。

ただ、やはり、店に入った瞬間、20年前の思い出が……。だって、ほとんど店内が変わっていないんだもの。ちなみに筆者が訪れたのは平日の午後だったが、大1枚の時間内だったからか待合室には先客が3名いた。いずれも年配であり、きっと常連さんなのだろう。そのうちの2人は親し気に話していた。思った以上に盛況だったこともあり、待つこと20分。いよいよ筆者が呼ばれた……。そして、思わぬ出会いに驚いた！

御対面の場で待っていたのはAさんというスレンダーな可愛らしいお姉さんタイプの女性だったからだ。後で店のサイトをチェックすると20代となっていたが、落ち着いた雰囲気からして、まぁ、30代半ばといったところだろう。いずれにしても筆者よりも年下である。心の中で「ラッキー！」とガッツポーズをした。

この『B』の在籍泡姫の源氏名は地名になっている。彼女も中国地方の都市名が源氏名になっていた。もしかしたら出身地なのかしらん？　そう思い、聞いてみると「いえ、関係ない土地ですよ！」とニッコリ。そのポテッとした唇が魅力的で筆者の股間は早くも臨戦態勢が整った。

大1枚のコースは入浴時間が40分ということで、マットかベッドのどちらかと言われたので、筆者はベッドを選んだ。まずはキスから始まったが、ポテッとした唇が想像以上に柔らかく、そのまま乳首舐めをされただけで昇天しそうになる。そうこうするうちに臨戦態勢だった股間は早くも敗戦態勢に陥り、あとはもう……時間を持て余す結果となった。

●地元に愛される『ぽつん風俗』

余った時間で彼女に聞き取り調査を行った。

そもそも、この『A』に来るお客さんは、どのような人なのか？　すると、やはりというか、「電車から見えて気になったというお客様が多いですね。半分以上がそうです」とのこと。山手線の線路沿いというこの立地はサブリミナル効果のように効いてくるものなのだろう。また、看板に書かれている値段も、車窓から目立つそうで「この値段ならば……」と来店する人も多いという。

改めて公式サイトを見ると、客の直筆による口コミコンテンツがあり（ただし、ここ数年は更新されていない）、「電車から見えた」というコメントの他に「家が近くて気になった」というコメントもあった。どうやら地元のお客さんも多いらしい。

筆者の帰り際のこと。杖をついた老人が入ってきた。すると、背後から「あ、おじいちゃん、いらっしゃいませ！　いつもありがとうございます！」というスタッフの声が聞こえた。そして、待合室への移動を手伝うスタッフの姿が見えた。その足取りから、いかに歩行が困難かわかる。おそらく、そう遠くはない場所からの来店に違いない。20年ぶりの再訪で、このシーンが一番印象的だった。

『ぽつん風俗』というと、地域外の者からすると、その佇まいから地元に溶け込めない異分子のように思っていた。しかし、『B』のように地元民に愛され、地域に根差した店もある。『ぽつん風俗』の奥の深さをまた一つ知ることができた。

【東京都港区浜松町】

絶滅寸前の超希少物件！東京マンションイメクラに潜入

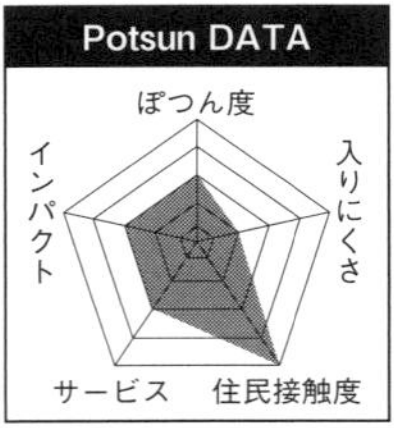

風俗店に足を運んで四半世紀以上が過ぎた。25年前に初心者風俗ユーザーとしてハマったのはソープランドとイメージクラブ（以下イメクラ）だった。まず、ソープランドは風呂での潜望鏡やマットでのプレイにハマった。そして、イメクラは電車を模したプレイルーム内での痴漢行為や、オフィスを模したプレイルーム内での秘書役の嬢へのセクハラ行為にハマった。どちらも共通していえるのは筆者にとっては〝非日常〟の世界であったこと。それは彼女や妻が相手ではできないことをしてもらえるという事に置き換えられる。

そのためだろうか。筆者はソープランドのフィニッシュはベッドよりも、プライベートでは彼女などとは味わえないマットを選ぶ派になってしまった。

●浄化作戦によって消えた〝楽園〟

筆者が風俗に通い始めた頃は未許可店舗が横行していて、マンションなどの一室をプレイルームにしているイメクラが数多く存在していた。これらの店はオーナーがこだわりを持って部屋作りができたので、部屋のドアを開けると電車の車内のようになっていたり、病院、オフィス、教室など、いろいろな世界が広がっていた。それはまるでドラえもんのどこでもドアのようであり、開くたびに大人になれた気がした。

しかし、２０００年代初頭に各繁華街で決行された浄化作戦によって、これらの未許可営業店は淘汰されていった。とくに都内の風俗店は店舗型から派遣型へとシフトチェンジしていったため、イメクラというジャンルは壊滅状態へ追い込まれた。現在、関東で店舗型のイメクラを楽しめるのは横浜の曙町エリア、土浦の桜町エリアといったごく一部の地域に限られる。

つまり、東京のイメクラは死んだも同然で、イメクラで遊びたくなったら現在の拠点である埼玉県某所から横浜へ向かうという状況だった。そのことを嘆き、各媒体で東京イメクラ復活希望という意見を書き続けていたところ、２０１０年頃に風俗媒体の編集者から「うちのクライアントで浜松町に店舗型のイメクラがあるよ」と聞いた。それが本稿で紹介する『Ｃ１』（仮称）である。

●天然記念物クラスのマンションイメクラ

その店名を聞いて筆者は「あ！」となった。『C1』の存在は以前から知っていたが、勝手な思い込みから例の浄化作戦でなくなったとばかり思っていたからだ。しかし、『C1』は許可店だったので生き残り、その後も10年近く営業を続けていたらしい。そうとなれば遊ばないわけにはいかない。ということで、筆者はさっそく浜松町まで足を運んでみることにした。いまから7年前のことである。

公式サイトを見てみると、第一京浜沿いであることはわかった。しかし、現地に行ってもそれらしき建物はない。いや、建物はあるのだが、いたって普通のマンションが〝ぽつん〟と建っているだけだ。

そう、目指す『C1』はこのマンションの中にある。訪れた時間帯が午後3時頃ということもあって、マンションの出入口を下校してきた小学生や買い物に向かう主婦たちが行き交っている。風俗臭は皆無で、まさかこの中にイメクラがあるとは思えない。本書にもいくつか出てくるが、これが集合住宅や雑居ビルなどに入っている『ぽつん風俗』の特徴でもある。

この7年前のプレイでは痴漢コースを選び、まずはひとりでシャワーを済ませて電車ルームへ。ドアを開けると女のコが吊革につかまって背を向けて立っていた。背後から近づいて胸を

東京と横浜を結ぶ第一京浜(国道15号)。『C１』はこの通り沿いにある。

揉んだり、スカートの中を触ったりと、数年ぶりの東京イメクラを楽しんのだが……それっきりになった。と、いうのも、当時、M性感というジャンルにドップリとハマっており、数年ぶりのイメクラの感動も薄まっていたのだった。思えば、それが最後の東京イメクラ体験になっていた。

●痴漢プレイはいまだ健在

そして、今回、本書のために約7年ぶりに訪れたのだが……「あれ？　どのマンションだっけ？」と迷ってしまった。7年前のことなので場所を忘れてしまい、公式サイトを見直す始末だ。それだけ第一京浜沿いは似たようなマンションが建ち並んでいたが、なんとか見つけて中へ。

『C』が入っているマンション。イメクラが営業しているとは思えないほど普通の外観。

それにしても、今回、改めて思ったことは〝マンションぽつん風俗〟は、とても入りやすいということだ。マンション自体の入口に看板がないゆえに、誰かにバレるという心配が皆無だ。だから、堂々と入店ができるし、風俗初心者にも最適なのでは？　そんなことを改めて再発見した次第である。

そして、7年ぶりの東京イメクラは定番の痴漢コースを選んだ。ひとりシャワーを済ませてドアを開けると、プレイルームの片隅に電車の車内を模した一角があった。そして、制服姿のキャストさんが吊革につかまって待っているのは7年前と同じだ。制服の上から胸を揉んだり、スカートの中をまさぐると、女のコが消え入りそうな声で「やめてください……」と言ってきた。これが本当に困っているような声で、なかなかの演技派である。その後、横掛けのシートに座らせて制服の胸元から手を滑らせて……と楽しんでいると、目の前にプレイ用のベッドが見えた。

そうそう、これこそイメクラなんだよ！　そんな感じで筆者は興奮を覚えた。

シートで射精に至るケースもあると思うが、基本的には、そのコンセプトに合ったストーリー、シチュエーションを楽しんだ後にベッドで……という流れである。キャストさんも程良き時間でベッドに誘い、通常のヘルスプレイに突入したが……。この『C1』はマンションの一室をプレイルームにしたものである。ベッドが置かれているスペースは、そのまんまマンションの一室の面影があり、本当に普通の女のコの部屋みたいなのだ。さらにカーテンがかかっているが、それをめくると浜松町の景色が見えるのだろう。布一枚向こうの景色は東京の日常があり、横を向けば電車のシートという非日常がある。そんな混沌とした中で気付けば……という感じで発射していた。

●イメクラ嬢からもらったヒント

プレイ後、7年ぶりの東京イメクラで遊ぶことができて楽しかった旨をキャストさんに伝えた。すると、意外な言葉が返ってきた。

「浜松町には、もう一軒、マンション風俗店があるらしいですよ」

え？　本当に？　それは嬉しい情報であるが、同時に同じエリアに複数軒の風俗店があると、『ぽつん風俗』が成り立たなくなるではないか。そんな心配をしていると聞けば第一京浜を大門方面に向かい、大門駅の先のエリアになるという。これならば住所的にも異なる地域なのでギリギリOKだろう。東京にまだ見ぬイメクラがあることを知り、俄然元気が湧いてきた。そして『C1』を出るや、その足で教えられた住所に向かってみることにした。

それは『C2』（仮称）という人妻系の店であった。筆者は系列店を利用したことはあったが、この店に関しては完全に見落としていた。公式サイトの案内に沿ってラジオ局の文化放送の裏側にある道を歩く。このエリアもマンションが多い。おそらく昔はこの界隈には未許可の風俗店がいくつもあったのだろう。そしてちゃんと許可を取っていたのが『C2』なのだろう。

マンションはオートロック式だった。店に電話をして部屋番号を聞くところから『C2』でのプレイは始まった。指定された部屋へ行くとそこが受付で、勧められたコースは60分で大2枚と、なかなかの金額だった。先に正直なことを書けば、この時間でこの値段とは、いけないフィニッシュを想定させられる金額である。淡い期待を抱えて別室のプレイルームに案内される。そこで待っていたのは品の良い、マダムとお呼びするのが相応しいような淑女だった。ルックス的には当たりとなるのだろうが値段を考えると妥当だろう。

●ゴムの中で天に昇る

サービス面は物静かな感じといえば聞こえはいいが、やけに言葉数が少なく、淡々としていた。たとえば脱衣の前に世間話などがあっても良いと筆者は思うがそれもなく、シャワーでも

『C２』のある通り。こんな普通の住宅街にもぽつん風俗はあるのだ

流れ作業のようにコトを済まされた。ただ、ベッドでの乱れ具合がイロっぽいので、プラスマイナス0という感じにはなったが……。

60分コースということで、ベッドでのプレイ時間は実際に40分弱とあっという間である。25分を経過したところで嬢が筆者のイチモツにスキンを装着した。もちろん、〝いよいよだ!〟と思ったのは言うまでもない。〝アレ〟をするには、やはりスキンが必要であるからだ。

まず、彼女はそのままゴムフェラをしてきた。なかなかのテクニックであり、2分ほどで昇天しそうな勢いである。「気持ちいい?」と妖艶な笑みを浮かべながら尋ねられたら、ただただうなずくのみだ。筆者の年齢的な問題と1時間前に一度放出していることを考慮すると60分では一回の発射が限界だろう。だから、早く口から外して……と思っているが、マダムはなかなか口を離さない。

そうこうしているうちに筆者のイチモツは限界寸前になり、それを察した彼女も「いいわよ、出して」とのこと。「どこで？」と問えば、「お口」と言い、激しくスロートされて……そのままフィニッシュを迎えてしまった。

しかし、ゴムフェラである。それで大2枚は……解せないとまでは言わないが、ややお高く感じてしまった。

帰路で気になったので某風俗口コミサイトで『C2』の評価を見れば、やはり、フィニッシュはゴムフェラが主流のようだ。

本章で紹介した『C1』や『C2』のようにマンションの中に入っている『ぽつん風俗』について、どれだけの住人がそのことを知っているのか？　おそらく多くの住人が自分が生活をしているマンションで淫らなことが行われているとは思うまい。そう考えると秘め事をしているようで妙な興奮を覚えた『ぽつん風俗』であった。

【東京都足立区北千住】

○○○が利用している⁉ 下町の都市伝説的ぽつん風俗

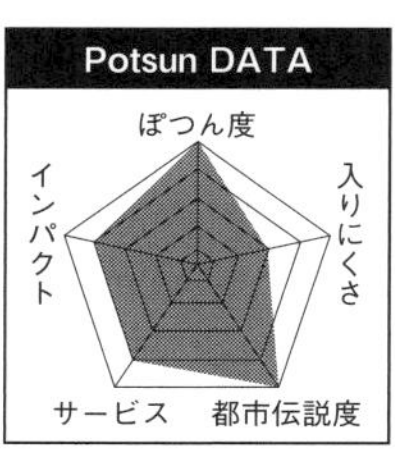

東京都23区の中では最北端にあり、埼玉県と隣接。東京都23区で「一番住みたくない区」、「一番犯罪が多い区、老人ばかりの区」など、なぜか足立区にはネガティブなイメージが多い。どうしてだろう?

たとえば、足立区の要ともいえる北千住駅周辺は開発されて、実に快適だ……って、それだけかもしれない。なぜならば、たしかに駅からマルイへ伸びるデッキエリアはキレイになった足立区の象徴だろう。しかしながら、階段を下りると、そこはまさに下界であり、昔ながらの下町風情に溢れた町並みのままだからだ。

「何も変わっていないじゃん!」

ある物件を目当てに北千住界隈を歩いていた筆者は、そう思った。

実は筆者は幼少の一時期を足立区の梅島周辺で過ごし、学生時代のアルバイト先も北千住の某スーパーマーケットだった。その時代に酒を覚えたものだから、北千住界隈の居酒屋で肝臓を鍛えたようなものだ。

その当時の酒の席で、しばし話題になる風俗店があったことを思い出したのだ。たしか、21歳の時に酔った勢いで行ったのだけど、いかんせん覚えていない。そこで、久しぶりに足立区某所を訪れてみることにした。

●公式サイトに記された営業時間の謎

その店は日光街道（国道4号）沿いにぽつんと建っていて、改めて某風俗ポータルサイトで調べると最寄り駅より徒歩7分とあった。しかし、歩けど歩けどたどり着かない！　だが、ここで慌ててはいけない。駅から遠いことも『ぽつん風俗』の評価対象のひとつであり、それだけぽつん度が高くなることが予想される。

結局、案内の倍の時間をかけて『D』（仮称）というファッションヘルスにたどり着いた。ん？　昔は店名が違ったような気がするが……気のせいか。まぁ、酔っていたし、リニューアルでもしたのだろう。そう思い、まずは物件チェックをした。

目印は日光街道沿いの白いビル（右から２番目）。目指す店はその２階にある。

ビルの2階に店舗を構えているので、日光街道を歩いているだけでは、なかなか気付かないのではないか？ また、店の前の道を行き来する車に乗っている人は、ここにファッションヘルスがあるとは思わないだろう。それほど、目立たないし、気をつけなければ通り過ぎてしまいそうだ。

さて、情報サイトに書かれていたオープン時間に合わせて訪れたにもかかわらず、開いていない。もしや、シチュエーション的に客が来なくて閉店したか？ そう思ったが、店の公式サイトを見て納得、そして驚いた。まず風俗ポータルサイトの情報では12時開店になっていた。しかし、公式サイトには営業時間が〝OPEN～24：00〟と出ている。おそらく以前は12時オープンだったところを、その後に変更したのだろう。それがポータルサイトに反映されていないだけの話で、よくあることだ。しかし、個人的には、この時点で怪しいというか、〝いわくつき〟な感じがしてきた。というのも通常、店舗型ヘルスというものは、条例によって24時までに閉店しなくてはいけない反面、オープン時間については曖昧だ。早朝オープンでもかまわないし、そのため〝日の出オープン〟という言葉があるほどだ。

閉店時間が決まっている中で最大限に稼ぐには、オープンを早めて営業時間を長くするしかない。にも関わらず、この店がオープン時間を定めていないのは、キャストの確保ができていないからだろう。

女の子の出勤情報を調べてみると、最も早くて15時からの2名だった。つまり、そこがオープン時間なのだろう。案の定、その時間に再び訪れると、今度は開いていた。

まず看板が置かれていたのだが、これがある意味で凄かった。筆者が訪れたときは、無垢の置き看板に、まず営業中というお知らせ。そして「看板製作中」と書かれた紙が張ってあるだけだ。もしかして製作費もないほど店は閑散としているのか？

さらに悩ませる看板があった。ビルの入口にも看板があったのだが、こちらには『E』という店名が書かれていた。しかし、建物の壁面にある看板では『D』という名義に。さらに隣接されたパーキングに立つ看板には「E　by　D」と、あたかも『D』という店が『E』という店をプロデュースしているかのような感じなのだ。

●タバコのニオイを嗅ぎながらのプレイ

まぁ、いずれにしても、することは同じだ。店名は関係ないし、あくまでも筆者は『ぽつん風俗』を求めてやって来た身だ。そう言い聞かせて店に突入した。階段を上がっても二十数年前のことなので何も思い出せず。実質的には初体験のようなものだ。壁紙の色や各所の寂れ具合に四半世紀の歴史を感じたが……。

受付でお試しコースの料金（約８０００円）を支払う。男性スタッフは「当店は無香料のボディソープを使っていますし、女性の香水も禁止しておりますので、思う存分お楽しみください」と繰り返した。

「看板製作中」と書かれた看板。現在はきちんと直り、店名も入っているようだ。

お相手のTさんは、いかにも「昔はヤンキーでした」という感じの金色に近い茶髪のロングヘアーに、気だるそうな雰囲気が特徴のお姉さんだった。おそらく40歳前後だろう。この店でのキャリアは長いらしく、「お店自体は30年以上続いているみたいよ」とのこと。

サービスはファッションヘルスということで、ベッド中心にキスから始まったが、タバコのニオイが、非喫煙者の筆者にはキツい。香水云々を徹底するのであれば、コチラのニオイも気をつかってほしいものだが……。

ただし、テクニックは、いかにもキャリアがありますといった感じで、乳首を舐めながらの手コキ。さらにはアナル周辺を指先で弄ぶようにいじりながらの玉舐めなど複合技で責めてくる。そして、そのままの流れでフェラをされたのだが、根本から先端へと、ハーモニカを吹くような感じでしゃぶり、その間も乳首いじりをしたりと、やはりコンビネーションで責めてくるのだから堪らない。そして、耐えられずに導かれるように彼女の口の中で、絶頂に達してしまった次第だ。

●界隈の風俗店に囁かれる〝ある噂〟

恥ずかしいことに時間が余ってしまった、30分コースなのに。しかし、言い訳ではないが「あること」を確かめたかった筆者には好都合だった。

実はこの『D』、そして、現在はなくなってしまったが北千住の商店街の中にあったソープランド『K』、東口の線路沿いにあったソープランド『C』の3店舗には、二十数年前から〝ある噂〟があった。この近くに東京拘置所があり、何名かの確定死刑囚が収容されている。実は、その死刑囚が刑の執行前に女性を欲した際に、情けとして界隈の風俗店で厳重体制のもと最後の交わりを許しているのではないかというものだ。

「そのために、不自然な場所に風俗店があるのだ。つまり、国が暗黙裡に許可している店なのだ」

そんな噂があったのだ。二十数年前の酒の席で、よく話題になっていた。だから、「あそこのソープランドは営業時間外の夜中に灯りがついていたけど、きっと死刑囚が……」という話になったものだ。また、死刑執行が発表されれば、「その数日前に店の周辺をパトカーが囲んでいたらしい」と、さも目撃したかのような話もあった。また、千住生まれ千住育ちだった筆者と同世代の者は「俺が子供の頃、おじいちゃんに教えてもらった」と言い出す始末だ。つまり、この界隈の風俗で働く女性は凶悪犯の最期の相手になる可能性がある……そんな話がまことしやかに囁かれていたのだ、二十数年前に。

筆者は、このことをTさんに「昔、こんな噂があったんだよね～」的に話をした。そして、コトの核心に迫った。つまり、死刑囚が……と。すると、彼女は興味無さげに「ふ～ん……」と言い、筆者を一瞥した挙げ句にアッサリと言い切った。

「そんなワケないじゃん！」

よほど呆れたのか、少しケバい顔に「いいかげんにしろよ！」的な表情を浮かべている。

当然といえば、当然なのである。

死刑囚に対して、そんなことが許されるワケがないのである。

営業時間外に灯りがついていたのは、たまたま消し忘れたのだろうし、パトカーが囲っていたのは、たまたま近所で事件があって、駐車する場所の関係で囲ってしまったのだろう。また、友人にこのことを教えたという祖父は他に教えるべきことがあったのではないか？　冷静に考えればわかることではないか！

結局、今でいうところの都市伝説のようなものだったのだろう。

今回、この『ぽつん風俗』を訪れてスッキリしたのは股間だけではない。二十数年来にわたって心のどこかにあったモヤモヤもスッキリさせることができたのだった。

【コラムその1】
青春のぽつん風俗よ、さらば（上）

筆者が『ぽつん風俗』に本格的に興味を持ち始めたのは、この5、6年のことである。ある日、突然、「こんな場所に風俗店があって、なんなのだろう？」と思ったのがきっかけで、その日を境に実際にプレイした店を記念的に写真に撮ることにした……というのが実際のところだ。つまり、ライフワークというよりもフィールドワークに近いかもしれない。今回、本書に掲載した写真も、古いものでも5、6年前のものということになる。

したがっていま思い返せば、それまでに利用した風俗店の中にも「あれって、『ぽつん風俗』だったよな……」というところがあった。もちろん、当時は意識していないので写真などに記録をしていなかった。そこで今回、本書に掲載するために、写真を撮りついでに再プレイをした風俗店もある。その一方で、残念なことに閉店して跡形もなくなった店もあった。

たとえば、本書40ページで紹介している北千住の『D』のエピソードに「現在はなくなってしまったが北千住の商店街の中にあったソープランド『K』、東口の線路沿いにあったソープランド『C』と書いた。そう、今回再取材しようとしたがすでに両店は閉店していたのだ。

詳細は該当ページを参照していただきたいが、この両店には、さまざまな噂があった。また、筆者自身が風俗ライターになる直前の20歳前後の何年かを北千住で過ごしたこともあり、それらの店にはいろいろな思い出があるのだ。

●北千住のぽつんソープ『K』

まずは、駅西口方面にある商店街の中にあったソープランド『K』だ。

ロケーション的には商店街のメイン通りから横に少し入った路地裏にあった。昼間は気付かないが、夜になると、そのメイン通りからソープランドと書かれたネオンが見えたので、とにかく目立った。そのネオンが当時の筆者の心をくすぐった。20歳前後でバイトで得た金があって性欲バリバリとなれば……ということだ。

しかし、当時はインターネットなどなく、その店に対する情報は皆無に等しかった。

一番信頼できる情報は居酒屋などで会う40、50代の諸先輩方の言葉である。すると、多くの人が、「あぁ、Kね……」と言葉が続かないのだ。人によっては苦笑いで済まされた。どうやら、今でいうところの地雷女の巣窟であるらしい。

『K』があった場所。まさかここに風俗店があったとは誰も思わないだろう。

そうなると逆に興味を持ってしまうのが筆者の風俗ライター（当時は学生だったが）としての良いところだ。一般的には無謀といって短所になるのだろうけど……。

とにかく、ある日、バイトで稼いだ有り金を全部持って突入した。5万円ほど持っていた。当時、筆者の頭の中では「ソープランド＝値段が高い」という方程式があったからだ。

しかし、値段は1万円以下だった。ソープランドなので、もしかしたら部屋で嬢にサービス料金を払うのかと思ったが、受付スタッフは総額だと言う。そして、何度も「本○はなし」と念を押してきた。

「ソープランドだろ?」

そう思った若かった筆者。これはきっと暗黙の了解なのだと思い、プレイルームに向かったが、そこで待っていたのは当時の自分の倍の人生を歩まれているようなババ……いや、熟女だった。

●ソープなのに「本○ナシ」の理由は？

筆者を見た熟女さんは「若いコ、久しぶりだわ〜」とニヤニヤするのみ。そこからは阿鼻叫喚……にはならなかった。目を閉じていれば、熟練のテクニックは最高だったのだ、目を閉じていれば……。おかげで股間はビンビンになり、すぐさまフィニッシュとなった。2回戦になり「ここでリードするのが男だろう！」と、筆者は熟女に覆いかぶさったのだが……。

「ウチの店はそういうこと（＝本○）できないから！」

厳しい声でキッパリと言われた。これは本気だと察するには十分な声色だった。聞けば、この『ソープランドK』は、いわゆる駅前ソープだという。つまり、本○なしである。筆者はこの日に初めて風俗のジャンルに『駅前ソープ』というものがあると知った。

『駅前ソープ』とは実質はファッションヘルスと同じ内容のサービスを提供する風俗店のことで、つまり本○行為はない。しかしながら、条例を満たすために風呂場には形式だけのスチームバスが置かれていたり、キャストが石鹸の泡を身体につけて密着しながら洗う泡踊りといったソープランド特有のサービスを楽しめる。駅前といっても本当に駅前ではなく、近くの繁華街や商店街で営業していることがほとんどであったため、ソープランド風のファッションヘル

『K』の跡地。錆が浮いたボイラー室が残されている。

スであれば、駅からやや離れた場所にあっても『駅前ソープ』と呼ばれることもある。

このように、筆者の駅前ソープ童貞を奪った『ソープランドK』を再訪してみたところ……。本通りから横道に入ったがない。久々なのでもう一本先の道かと思ったが、そこにもない。スマホで過去のデータから住所を調べてナビで向かうと、やはり最初に入った路地だった。路地をくまなく探すと『K』はあった。しかし、建物や隣接するボイラー室も残っていたが、どう考えても、ここ数年は営業していないことがわかる錆びっぷりである。周辺の草木の伸び方も手入れがされていないことがわかる。調べてみたら5、6年前に閉店したようだ。それでも、最近まで存在していたことに驚きを隠せなかったが……。

このように筆者の駅前ソープ童貞を奪った『K』はリアルな思い出になってしまった。しかし、『K』がなくなったのであれば『C』がある！　そう思い、筆者は駅の反対側に向かった。


（98ページに続く）

【第二章】

艶街のぽつん風俗

【東京都新宿区】
浄化作戦を生き延びた新宿のサバイバルぽつん風俗

Potsun DATA

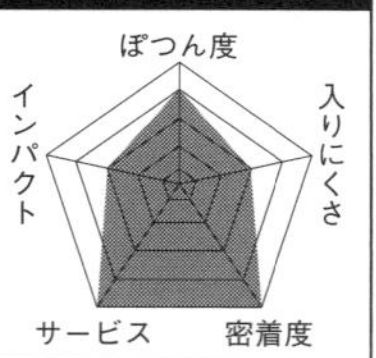

日本一の繁華街といえば、やはり新宿の歌舞伎町になるのだろう。数多くの飲食店を中心に娯楽施設や遊戯施設などが建ち並び、夜になるとネオンがまばゆい光を放つ……。眠らない街というところから、不夜城と呼ぶ者もいる。

●新宿・歌舞伎町と浄化作戦

そんな歌舞伎町の特徴といえば、なんといっても独特のいかがわしさだろう。たとえば、浄化作戦によって一頃に比べて少なくなった印象があるが、ボッタクリは歌舞伎町の悪しき象徴にもなっている。そして、筆者は個人的に、このボッタクリに関してはキャバクラ（飲食店）

繁華街から一歩離れれば新宿も静かに。ぽつん風俗はそんなところにある。

で起こることよりも、風俗店で起きるというイメージがあった。恥ずかしながら筆者も何度か痛い目に遭っている。

代表的な手口は受付で料金を支払ったのに、個室で嬢にさらに金品を要求されるというもの。また、嬢が勝手に道具を使ったにも関わらず、後から莫大なオプション料金を請求されたこともあった。普通に遊んでいただけでこのような出来事に巻き込まれるのだから、いつしか歌舞伎町は恐い町というイメージが付いてしまったのだろう。

変化のきっかけは石原都知事時代に実行された浄化作戦であることに間違いない。2004年に始まった一連の作戦で当時の歌舞伎町のシンボルともいえるコマ劇場周辺の雑居ビルに入っていた未許可、つまり違法の店舗型風俗店は消滅。それとともに怪しい店もまた姿を消したのだ。

正直なところ、浄化作戦の可否については、風俗業界に関わっている者として思うところが多々ある。

しかし、ひとつだけこの作戦を褒めるとしたら、現在の歌舞伎町界隈に残った店舗型風俗店は正規の店であり、安心して遊べるようになったということだろう。つまり、優良店ばかりという証でもある。まぁ、正直なところ安心・安全な反面、刺激が薄まったことは否定できないのではあるが。

このように清く正しく新しくなっていく歌舞伎町だからこそ、新宿には『ぽつん風俗』はない……わけがない。もちろん、歌舞伎町の中は現在でも数多くの店舗型風俗店があるので、店と店の間の距離的な問題を含めて、ぽつんという環境にはなりにくい。そのため、歌舞伎町のど真ん中には『ぽつん風俗』に認定できる物件はない。しかし、そこから少し足を延ばしたエリアには筆者がオススメする『ぽつん風俗』がある。

●西新宿のエロクリニック『F1』

一軒目は西口にある『F1』（仮称）である。こちらは青梅街道沿いの路地裏にあるファッションヘルスである。街道は車の往来が多く、繁華街とは違った喧騒を奏でているが、道を一

時代を感じる『Ｆ１』の外観（左の建物）。壁の色が白ければ、町医者と間違えそうだ。

本入っただけで閑静なエリアがあるのだ。『F1』はそこにひっそりと、しかしながら建物一軒が丸ごと店舗なので、やや存在感を誇示しながら建っているのだ。外観的には風俗店というよりも色合い的に「クリニックか？」と思った。

近くには墓地があったりと、とてもここが西新宿だと思えないほど人通りが少なく、静かだ。だから店のドアを開けるだけでも、その音が周囲に響いてしまうのではないか？　そう思って初めて利用した時はドキドキしたものである。

店内に入ると、おそらく以前はソープランドだったのでは？　そう思わせる造りである。まず、上階へと続く階段のところで嬢とご対面となるわけだが、これはソープランドによくある構造である。また、プレイルームに入ると、ベッドが置いてあるスペースとバススペースは段差こそあるものの明確な壁はなく、ましてやお情けばかりの小型スチームが置いてあった。やはり、元ソープランド物件で間違いないだろう。

２０１８年2月。久々に『F１』を訪れた。おそらく5年ぶり位か？　ここ最近、優良人妻風俗店と評判のようで、待合室にも先客がいた。お相手の嬢はマダムっぽい雰囲気があり、年齢的には30代後半といったところか。プレイルームは3階だという。階段を上ったが、3階までがやけに遠く感じる。足が張ってきて年齢を重ねているのだと実感した。

プレイルームはさほど変わっておらず目立った老朽化もない。きっと手入れが良いのだろう。そして、キスからプレイは始まり、バススペースでほどよく熟れた裸体を密着させてのボディ洗いはさながらソープランドのようであり、嬢がなかなかのテクニシャンということもあって、これだけで料金の半分は満足、という感じだ。ベッドでの全身リップからフェラまでの流れは、ややお仕事的ではあるけれど、妖艶な視線を投げ掛けられてのサービスに大満足であり、心地よく時間を過ごすことができた。人気店であることが納得できるサービスであった。

●エロのラビリンス・南新宿『F２』

……と、『F１』を出て、筆者の足は新宿駅の南口方面へと向かっていた。移動時間にして徒歩10分強と短時間での連続プレイはキツイと思ったが、せっかく新宿に出てきたという気持

ファッションヘルス『Ｆ２』。狭い入り口の向こうにはエロの迷宮が広がっている。

ちから南口を目指した。そこに新宿駅南口界隈で唯一のファッションヘルスである『Ｆ２』（仮称）という名店があるからだ。

この店は筆者が風俗通いを始めた四半世紀前にはすでに営業していたから、かなりの老舗の部類に入る。最近でこそリニューアルされて看板周りなどがキレイになったが、以前は地下１階の店へと続く階段や隣にあった怪しげなビデオボックスなどに歴史を感じさせるものがあった。

筆者はこの『Ｆ２』に何度も通っているが、いまだにわからないことがある。それは店の内部構造だ。

店内は、まず受付があって１畳弱の待合室がある。順番を呼ばれて嬢に案内されて狭い通路を通って個室へ……という流れなのだが、この個室の並び、及びシャワーブースの位置など、何度通っても把握できないのだ。それはまるで地下都市のラビリンスであり、迷宮のようである。

この日のお相手は20代前半の女のコである。おそらく、彼女が生まれた頃には、すでに『S2』は営業していただろう。そんな話を振ると、「スタッフさんが昭和からあるって言ってました」とニッコリ笑いながら言った。ちなみに彼女の生まれた年は「〝バリ平（ばりへい）〟です」とのこと。どうやら、バリバリの平成生まれという意味らしい。ちなみに昭和63年前後生まれはギリギリ昭和生まれなので〝ギリ昭〟、平成元年前後生まれはギリギリ平成生まれで〝ギリ平〟。筆者はバリバリの昭和生まれということで「バリ昭ですね！」と言われた。今どきの若い女のコは生まれた世代をそう呼ぶのか？　ちょっとばかり驚く。なお、『F2』のキャストには彼女のようなバリ平のようなコもいれば、（実年齢的には）筆者同様にバリ昭な女性もいて、なかなか幅広い構成になっている。

●バリ平のサービスでバリ昭も昇天

さて、筆者の服を脱がしてくれた彼女は自分も裸になってタオルを巻くと個室内の電話で受付へ共同利用するシャワーブースが使えるかを確認。OKということでタオルを巻いたままの姿でシャワーブースへ。途中、彼女が「シャワー、通りま～す！」と他の個室に声掛けをしながら進む。このような老舗ファッションヘルスでは、よく見る光景である。ちなみにシャワーブースはかなり狭い。「（部屋からブースまで）迷わない？」と聞けば、「入店して最初の頃は迷いました」とのこと。

プレイ用の個室は基本的に小上がり式のベッドのみで1畳程度の広さだろうか。一部に鏡が設置されていて、いかにも昔ながらのファッションヘルスといった感じに懐かしさを覚える古くからのユーザーもいるのでは？　薄暗い灯りの中でうごめく男女の影が鏡に映ると淫靡というか、昭和的な官能を感じてしまう（と、いっても筆者は年齢的に風俗で遊べるようになったのは〝ギリ平〟であるが……）。

通っているうちになんとなく感じていたが、筆者がこの『F2』に求めていることは、たぶん、「昔の風俗店はこんな感じだったのでは？」ということの確認なのではないか？　そのような気がしてならない。地下に続く階段を下りると、一段ずつ昔になっていく、年代をさかのぼっていくような感覚……。『F2』にはそれがある。そんな店が日本一で世界に誇る繁華街の新宿にあるということがタマらなかったりする。

だからこそ、プレイ後に階段を上っていくと現実に引き戻されるというか、『サザエさん』の放送が終わった日曜日の夕方感、つまり、「明日から働かなきゃ」的な想いに似たものを感じる。でも、その心の虚無感を楽しみたくて、また『F2』に行ってしまうのだ。店内の構造同様に想いが迷宮入りしてしまう筆者なのであった。

【東京都台東区上野】

北の玄関、上野に根づく個性派ぽつん風俗の宴

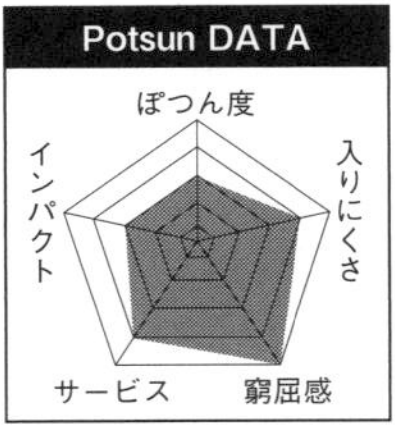

人間という生き物はとかく後悔しがちである。

後々になって「なぜ、あの時に気づけなかったのだろう」という後悔の繰り返し……という書き方をすると、なんだか風俗関係の書籍ではないみたいだ。しかし、筆者はこの数ヵ月で「なぜ、あの時に気づかなかったのか……」と悔やんだ風俗体験が２度ある。しかも、同じ上野というエリアでだ。

●灯台下暗しのぽつん風俗『G1』

２０１８年初頭、上野は赤ちゃんパンダフィーバーで盛り上がり、老若男女が足を運ぶエリ

アになっている。しかし、10年ほど前、いや、個人的にはつい最近まで、「なんとなく怪しいエリア」というイメージがあった。たしかに上野動物園界隈は文化施設が数多くあり、観光地にもなっている。しかし、不忍池界隈の住所でいうところの台東区上野2丁目辺りにはハッテンバと化した映画館があったり、春日通りを上野広小路から湯島の天神下交差点へ向かう際の右側のエリアにはいかがわしい雰囲気が漂う繁華街があったり……。実はそこに『ぽつん風俗』があったのだ！

その店は『G1』（仮称）というファッションヘルスで、1階は一般商店になっていて、その2階にある。建物自体は随分とこじんまりとしており、路地に看板が置かれているものの目立たないというのが正直なところ。また、2階へ続く階段の入口がほどよく狭くて目立たない。これは入店しやすいという点ではポイントは高い。と、感心しつつ、「なぜ、今まで気付かなかったのか？」と驚き、後悔した次第。

実は今から20年ほど前のことになるが、筆者はこのエリアで勤務していたのだ。業種はアダルトグッズショップの雇われ店長。現在は閉店してしまったが、その店は『G1』の斜め10メートル先にあったのだ。雇われ店長時代から無類の風俗好きであった筆者が、なぜ、気付かなかったのか？　たしかに目立たないし、もしかしたら20年前は違う店名だったのかもしれない。それにしても……という気持ちが大きい。

だが、今となっては思い当たるふしがある。店ではバイブやローター、強精サプリメント、コスチュームなど、あらゆるエログッズを売っていたが、客層は中年男性が大半。それゆえに強精サプリメントが売り上げの8割を占めていた。

そのような状況の中で、時おり、女性客が1人で入ってきてコスチュームや網タイツ、きわどいデザインのランジェリーなど、「普通の女性は使わないぞ？」というようなアイテムを購入していったのだ。思えば、その女性客は『G1』のキャストだったのではないか？　20年が過ぎた今、『G1』を前にして頭の中でパズルのピースがハマった気がした。

●20年の時を経ていざ潜入！

しかし、パズルを完成させるには……実際に『G1』に潜入するしかない。『ぽつん風俗』愛好家としての使命感が2階にある『G1』への階段を上らせた。

店内は外観から予想はできたが、とにかく狭い。窮屈さを感じてしまうレベルだ。プレイ用の個室も2、3部屋といったところだろうか？　待合室は筆者のような中年太り体型だと2人で限界といった感じであり、他にもお客さんがいたら確実に息苦しい思いをすることだろう。

在籍キャストは20代前半から30代半ばまでといったところだろうか。風俗年齢を考えれば、実年齢が筆者と同世代の女性が出てくる可能性もあるだろう。個人的にどの女性も可もなく不

左手前がぽつんヘルス『Ｇ１』。周囲には焼肉屋などの飲食店が並ぶ。

可もなくだったのでフリーで入ることにした。そうすると時間帯の都合で30分コースであれば大1枚でおつりが来るのだ。

狭い待合室……幸いにも待っているのは筆者だけだったので置いてあった漫画雑誌などをめくっているとスタッフに呼ばれた。待合室から個室まではおそらく10歩程度ではないだろうか。

予想していたが、部屋を開けて驚いた。なにせ狭いのだ。部屋のほとんどをベッドが占領していて、足の踏み場がないくらいなのに個室のシャワーブースが付いている。ただ、幸いなことにお相手のキャストさんは20代後半と思われる美肌で抱き心地の良い女のコだった。「狭くてごめんなさい」と言ってきたが、狭い部屋ゆえに密着感がハンパじゃなく、「これぞ箱ヘル！」と叫びたくなるものがあった。なんとなく、子供の頃に山の中に秘密基地を作って、友だち同士で遊ぶワクワクを伴う閉塞感があって、この雰囲気、筆者は嫌いではない。

心地よい満足感を覚えて店を出る。テクニックもなかなかのもので30分コースで十分だった。次回は60分コースで入ってもいいと思わせるレベルの高さだ。それゆえに「なぜ、気づかなかったのだろう?」と20年前の自分を責めたくなった。まぁ、今となってはお気に入り店が一つ増えたのでヨシとしよう。そんな想いを胸に筆者は上野を去……らなかった。

●貫禄の超老舗ぽつんソープ『G2』

実はこの界隈にはもう一軒、インパクトのある『ぽつん風俗』がある。せっかく上野に来たのだから、この際はしごをしようと思ったのだ。

目指すのは、中央通りの上野広小路の交差点を末広町方面へ向かい、すぐ右の通りを入るとあるソープランドの『G2』（仮称）である。

最寄り駅としてはJRであれば御徒町駅。東京メトロだと上野広小路駅だ。なんとなく新しそうな店名であるが、創業50年以上の老舗中の老舗である。この物件が『ぽつん！』というよりも、横断歩道を渡ると〝デン！〟という感じでそびえ立っているのだ。老舗ゆえの貫禄や存

ぽつんソープ『G２』。横断歩道が客を入り口へと誘うレッドカーペットのようだ。

在感と言ってもいいかもしれない。

　もちろん、筆者はその存在は知っていたが、これまで足を踏み入れていない未開の『ぽつん風俗』であった。『G２』は自店の公式サイトを持っていない。そのため、泡姫を知るには提携しているポータルサイトのキャスト一覧に頼るしかないのだが、閲覧してみると、20代から40代の幅広い層が在籍していると謳っているものの、写真がやけに古臭いのだ。また、多くのプロフィールが〝ノーイメージ〟としてあらかじめ用意されたシルエットしか掲載されていないのもマイナス点だ。

　そうとなれば、各サイトの口コミ評価を参考にするしかない。これが、読めば読むほど「……」と沈黙が続くものばかりである。ただ、これは公式サイトを持たない風俗店の評価ではよくあることだ。すべてを鵜呑みにしないほうがいい、などと自分に言い聞かせながら横断歩道を渡り、そのまま直進して店のドアを開けた。

男性スタッフは落ち着いた感じがして丁寧にシステムを紹介してくれたが、「パネル（写真）は……ございません」とのこと。

結局、フリーでスグに入ることができる泡姫をオーダーして、5分後にはお迎えが来た。筆者と同世代の40代の泡姫が相手だと思っていたが、おそらくアラサー世代だろう。良い意味での想定外で心の中でガッツポーズを取ったのは言うまでもない。料金は夕方5時前だったので50分コースで大1枚、小2枚。テクニックも上々だったので、金額としては妥当だろう。

と、ここからプレイ内容を詳細に書こうと思っていたのだが、後日のこと。某風俗媒体編集者に『ぽつん風俗』として『G2』を訪れたことを話し、筆者はサービスの良さを熱弁したところ、こんなことを言われてしまった。

「え？　子門さん、『G2』の隣にファッションヘルスがありますよ？」

え？　なんだって？　本当に？

思わぬ展開に頭が軽いパニックになった。調べてみると、たしかに『G2』の隣のビルにファッションヘルスが入っていたのだ。本書用に撮影した写真を見てみると、右隣りにその店のものと思われる看板が写っているではないか！ と、いうことで本書の編集担当者に問い合わせると「アウトですね！」とのこと。つまり、『G2』は『ぽつん風俗』にカウントされないということになる。

「どうして気がつかなかったのか？」

認められなかった無念もある（そもそも規定を満たしていないので当然のことである）が、風俗取材のプロとしてあるまじき失敗だ。見落とした原因をあれこれ考えてみたが、横断歩道を渡って正面に見る『G2』の姿があまりに壮観で、そればかり気をとられたのが一番の理由ではないか。良い店であっただけに、返す返すも無念だ。

上野・御徒町は、筆者の中では「どうして気づかなかったのか」という苦い後悔がつきまとうエリアになってしまった。

『ぽつん風俗』を探すときは、周囲に気を配り、細心の注意を払うこと。それからの筆者は、そのことを深く胸に刻みながら盛り場巡りをすることになったのだった。

【東京都台東区鶯谷】

都内随一のホテル街に潜む入店しにくいぽつんイメクラ

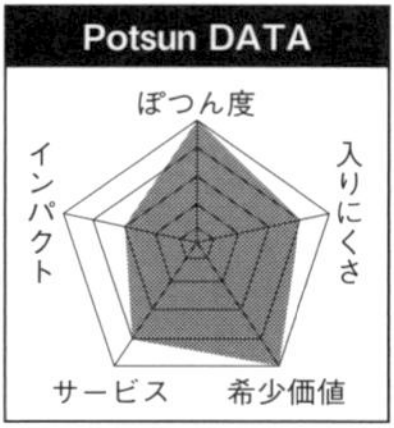

東京には数多くの風俗街がある。たとえば風俗ポータルサイトを閲覧してみると、新宿、池袋、渋谷……といった感じでエリア分けされている。このエリアこそが風俗街であり、数多くの風俗店が犇《ひし》めきあっているというわけだ。

しかし、ひとつのところにファッションヘルス、ソープランド、デリヘルなどが隈なく存在しているエリアは稀である。せいぜい新宿や池袋、渋谷といったエリア程度だろう。

それでは、その他の五反田、大塚、巣鴨、錦糸町といったエリアはどうなのだろう？　これらの地域は歌舞伎町や池袋と違って店舗型風俗店が皆無に等しいが、デリヘル・ホテヘルの派遣型風俗店が主流ゆえに、それぞれが区分けされる形になっている。そして、風俗街であり、ラブホテル街であることが特徴だ。

このようにラブホテル街が風俗街とイコールで結ばれるようになったのは2000年代前半に起きた東京都の浄化作戦以降のことだと思われる。つまり、条例によって未許可店が閉鎖されると同時に、「風俗遊びはホテルでするもの」という概念が成立。ラブホテル街は風俗街になったという考えだ。

●鶯谷という特殊地域

浄化作戦以前の東京の風俗業界は派遣型という概念が薄く、東京中にマンションの一室を改装したマンションヘルスがはびこっていた。思えば、現在、派遣型風俗店が主流の五反田や大塚といった場所は、それこそ浄化作戦以降に訪れるようになったエリアである。そもそもラブホテルは恋人同士などのカップルで利用するものだという認識だった。だから、現在のように派遣型が主流になり始めた頃、風俗遊びのために1人でホテルに入ることが、店舗型風俗店に入店する以上に恥ずかしかったことを覚えている。ただし、あるエリアのラブホテルを除いては……。

それが鶯谷だ。このエリアは2000年代中盤から後半にかけては韓国人女性がキャストとして在籍しているコリアンデリヘル（韓デリ）やアジアンデリヘルが主流であった。それ以前と韓デリブーム終焉後から現在に至るまでは人妻・熟女デリヘルの聖地とまで言われている。筆者は鶯谷の派遣型風俗店を利用していたために、「鶯谷のラブホテルは1人で入るもの」的な考え方が少なからずあった。

しかし、最近では客が先にホテルにチェックインするデリヘル以外にも、待ち合わせ式デリヘルも増えているので、結局はラブホは2人で入るものなのか。ちなみに鶯谷駅北口はキャストと客の待ち合わせ場所の定番であり、どこか淫靡な雰囲気が漂っている。これが2010年代後半の鶯谷ではお馴染みの光景だ。また、余談になるが北口界隈のファーストフード店やコーヒーショップは指名待ちをしている熟女キャストで賑わっていて、他のエリアの同店とは違った空気が流れていて面白い。

●入りにくさ都内屈指のぽつんイメクラ

このような歴史から鶯谷は100パーセント派遣型風俗店しかないと思われがちであるが、実は違う。たった一軒だけ店舗型ヘルスがラブホテル街の中にぽつんと存在するのだ。それが本章で紹介する『H』だ。この店こそが都内屈指のぽつん度を誇る店といっても過言ではない。

派遣型風俗店が主流のエリアに店舗型風俗店が存在しているケースは本書でも取り上げているように多々ある。条例上では飲食店に区分されることが多いが、事実上、風俗店的なサービ

『H』の外観写真。モノクロでわかりにくいが、黄色とピンクのかわいらしい配色だ。

スが行われているピンクサロンが徒歩圏内で営業しているケースもよくある。本書でいえば巣鴨のソープランドがそれにあたる。つまり、純粋に「この地域に一軒だけ！」という風俗店は稀なのだ。その点で言うと、鶯谷にはピンサロもないので『H』こそが、たった1軒の店舗型風俗店なのだ。鶯谷を拠点とするデリヘルの数を鑑みると確率的には0・0001パーセント程度の存在感なのではないか？

その『H』は言問通りからホテル街に入った路地裏に存在する。しかもメイド系のイメージクラブである。実は筆者は10年ほど前に利用したことがあるが、その時は当時としては、いや、現在でも珍しいと思われるスポーツ系のイメクラで、たしかブルマや格闘技系のコスチュームの女のコと遊んだ記憶がある。それが現在では、メイド系風俗店になっているのは、３つ隣の秋葉原駅の影響なのだろう。

『H』を久しぶりに訪れて、感じたことがあった。それは入店することがけっこう恥ずかしいのだ。まずこの店の外観だ。単純に目立っているのである。もちろん、ラブホテルだって色とりどりのネオンの看板で目立っているものもあるが、そうなるのは基本的に日が暮れてからである。しかし、『H』は日中でも目立つ黄色やピンク色の外観をしている。しかも、左隣がいたって普通のビルで、右隣は1階は派手な看板の飲食店が入っているものの2階以上は同じく普通のビル。『H』の前に立っただけで「あなた、入るんですか？」的に映るのは間違いない（まぁ、実際に入るんですけどね）。

●意を決して中に入ると…

それでも思い切って潜入である。店内に入って驚いたのは、前名時代よりもキレイになっていたことだ。たぶん、店名を変える際にリフォームしたのだろう。以前は待合室の空調の影響かニオイが気になったし、建物の老朽化も否めなかった。それが見事に修繕されている。裸になる場所なので清潔なのはありがたい。雰囲気が改善されていたので気分が上がった。

スタッフさんの対応も上々だ。最低額の40分コースを説明しつつ、「当店の魅力を体験できます」ということで推してきた60分コースを選択した。ちなみに料金は時間帯で変動するシステムで筆者は大1枚、小5枚であった。

案内された部屋に入って驚いた。けっこう広いではないか！　そういえば、前名店舗時代に利用した時に嬢から「昔はソープランドだったみたい、この建物」という話を聞いたような……。浴室の広さを見ると、きっとそうだったのだろう。もちろん、プレイルームもキレイで快適である。

『H』の入り口付近。右隣は飲食店で、左隣はマンション。かなりの入りにくさ。

しかし、風俗遊びの要になるのはキャストのクオリティだ。筆者は初めての風俗店には、基本的にはフリーで入ることにしている。ある意味で勝負ではあるが、なんとなくその方が店の本質が見えるような気がするのだ。この時は幸いにも、けっこう若くて可愛い女のコに当たった。まぁ、メイド服を着用しての風俗店であるから年増が出てくることはないだろう。鶯谷といえば熟女系の店ばかりで遊んでいたので、これはこれで新鮮で良かった。

たしかに、その道一筋で接客に慣れた熟女に比べると、たどたどしい部分はある。しかし、裏を返せば、それは初々しいということになり、鴬谷というエリアでこのような気分になれることは、なんだか不思議であった。

とはいえ、自分の年齢の半分位の女性に「ご主人様」とか「御奉仕させていただきます、萌え萌え！」と言われるのは、いささか恥ずかしいものがある。ただ、基本的に御奉仕される側なので、いわゆるマグロ状態でいられることはラクであった。「ここが気持ちいいですか?」、「ここを御奉仕してもよろしいですか?」というメイド系風俗ならではの流れというものも、たまに体験すると心地よいものがある。

ちなみにメイド風俗には御主人様として御奉仕してもらうだけでなく、メイドを凌辱することと、つまり責めることに楽しさを見い出すユーザーも多い。各自の性癖に沿って楽しめば、どちらでも良いものだと思う。『H』は全体的に高レベルだが、メイド風俗店として「コレだ！」という特化しているものがないのも事実だった。鶯谷で正規に営業している店舗型風俗店はここ一軒だけと考えると、もう一つ刺激的な〝何か〟が欲しかった気もするのが正直なところだ。

それでも、鶯谷という〝性地〟にたった一軒だけの風俗店というその存在は貴重だ。これからも続いてほしい『ぽつん風俗』だ。

【東京都豊島区大塚】

都内屈指のピンサロ街の隠れぽつんファッションヘルス

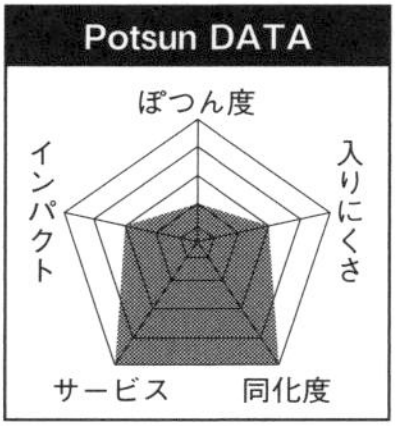

このたび本書の話をいただき、素直に嬉しく思った。と、同時に出版元が彩図社というところに妙な縁を感じた。と、いうのも彩図社は風俗ユーザーには嬉しいエリアとしておなじみの〝大塚〟にあるからだ。

●ピンサロの聖地・大塚の思い出

大塚というと風俗ユーザーの間ではピンクサロンの聖地というイメージがあると思う。しかし、本書では何度も触れることになるが、ピンクサロンという業種は本来、風俗店ではない。詳細は省くが法律上では飲食店扱いで営業をしている店である。それゆえに本書では風俗店としてカウントしていない。

大塚には駅の周辺にそのピンクサロンがザッと数えただけで20軒以上ある。その多くが雑居ビルの中にあって小2～4枚の価格で2回転がOKだったりする。つまりリーズナブルゆえに賑わい、いつしか東京屈指のピンサロ密集地帯になっていた。1980年代の後半には現在の形ができ上がったとされている。そんなピンサロ密集地帯に『ぽつん風俗』があるのだ。

実は『ぽつん風俗』には両極端な面があり、ぽつんと建っているゆえに見つけやすい物件と、他業種の建物に紛れてぽつんと建っているゆえに見つけにくい物件がある。

ここで紹介する『I』（仮称）は完全に後者である。『I』は雑居ビルの2階に入っているのだが、他の階にはピンサロが入っている。1階の出入口には『I』だけではなくピンサロの看板も置かれているので、それらに紛れてしまう。つまり、ピンサロに見られがちなのだ、せっかくの大塚唯一のファッションヘルスであるのに……。しかし、これはぽつん分類学的には〝同化型ぽつん風俗〟に位置づけられ、都心ではレアケースにあたると思う。

筆者がこの『I』を初めて訪れたのは約25年前にさかのぼる。当時、都内の映像系の専門学校に通っていて、在籍していたのが地方から出てきたモテない男子ばかりが集まった冴えないクラスだった。その結果、というわけではないが、1年目の初夏に、モテない男子軍の間でピンサロブームが起きたのだ。

おそらく、「時給1000円のバイトを3時間頑張れば、2回転で気持ち良くなれるもんね～」というノリだったのだろう。快感云々よりも「ピンサロに行く！」という行為を楽しんでいた気がする。その結果、童貞でありながら、受けたフェラの数はハンパじゃないという輩が少なくなかった。そんな我々のホームグラウンドとなっていたのが大塚だったのだ。理由は単純で、通っていた学校の最寄り駅が都電荒川線の駅であり、学校から15分程度で大塚にアクセスできたからだ。

大塚といえば、都電荒川線。『I』はその線路沿いの雑居ビルに入っている。

ちなみに、この集まりであるが、多い時でメンバーは7、8人いた。そのため、全員で一つの店に行くと入店できないケースもあったので、各自が気に入った店に散り、その後、所定の喫茶店などに集まって、それぞれの体験の報告をするというのが一連の流れだった。……今となって思えば実にくだらない！

そんなある日のこと。当時、20歳前

後の筆者は放送作家の見習いというバイトをしていた。これが意外と割が良くて、周囲の同級生より金回りが良かった。その日はたまたまギャラの振込日だったこともあり、懐がかなり潤っていた。そして、向かったのが『I』が入っているビル周辺だ。入口付近に置かれた看板を見比べて、一軒だけ「ピンサロにしては、やけに料金が高いぞ？」という店があった。それが『I』だ。当然なのである、そこはピンサロではなくファッションヘルスなのだから3倍程度高いのだ。

しかし、当時の筆者は風俗のジャンルというものをよく把握していなかったし、「この建物に入っている店だからピンサロ！」という固定観念があった。その結果、勝手に「この『I』は高級ピンサロだな」と思い、バイト給料日で気持ちが大きくなっていた筆者は何の迷いもなく『I』に入った。

まず、店内の明るさに驚いた。そして、BGMが静かに思えた。女のコの写真を見て指名できることに驚いた。気付いたら個室に案内されていた。そして感想としては、女のコと一緒にシャワーを浴びられるし、ベッドがあってソファとは違い、広々としたところでフェラをされることが快適だった。そして、「やっぱ、高級ピンサロは違うな～！　これで2回転だったら、もっと良かったのに！」と思った20歳前後の筆者であった。つまり、ファッションヘルスに行った気になってなかったのだ。

●20年ぶりに『I』を再訪

　ということを思い出したのが、2017年初頭。本書の企画が決まり、彩図社で打ち合わせ後に大塚駅近辺のピンサロ地帯にある『I』の看板を見て、「そういえば昔、このピンサロ、来たわ……って、え？　ヘルスだったんだ！　そりゃそうだよな〜！」と、ひとり思い出し、ツッコミ、納得という脳内作業を終えて筆者は思った。「実にもったいないことをした」と。

同じビルの地下ではピンクサロンが営業中。この『I』も一見、ピンサロに見える。

　そこで本書出版記念として、そのままビルの2階へ上がった。もちろん、今度はファッションヘルス、いや、『ぽつん風俗』としての『I』を体験するためにである。

　店に入った瞬間、25年前を思い出す……こともなく、受付で30分コースの料金となる大1枚を渡す。25年前の値段は覚えていないが、以前は大1枚でおつりが来たような気がするが定かではない。待合スペースには先客なし。客は筆者だけだったので5分もしないうちに用意ができたと告げられる。個室へ続く廊下を仕切るカーテンが開くと、そこにはお相手の嬢が待っていた。細身のボディに推定Dカップのバストが躍る。顔も癒し系美人という感じで大当たりだ。おそらく実年齢は30代前半だろう。

●癒し系美人の密着サービス

個室は「なんとなく、こうだった……と思う」という感じだった。シャワールームは店舗型のファッションヘルスならではの1メートル四方のボックスタイプとでも言おうか。かなり窮屈に感じたのは筆者が経年劣化で肥満体になったからだろう。

嬢は狭さを逆手にとって密着プレイを披露する。そのままイチャイチャする感じでボディタッチやキス、そのまま唇が降下して軽くしゃぶる程度ながらもフェラをしてくれたのだ。25年前は、ここまでのサービスはなかったので、ただただ驚いた次第である。

ベッドに移ってからは、いわゆるオーソドックスなヘルスのプレイとなったが、なにせ30分コースである。実質のプレイ時間は20分弱、しかもシャワールームでけっこう楽しんでしまったのでベッドでのプレイは10分程度だ。これでは受けか攻めのどちらかに集中しなくてはならない。もちろん、受け身を選び、彼女に身を委ねたのだが、その結果、「もう少し時間がありますよ？」という、少し恥ずかしい結末を招いてしまった。

もちろん、もう一回戦だなんて、とてもではない。無理である。そこでトークで時間を潰すという選択となったが、年が離れすぎていて共通の話題がなかなか見つからない。すると、彼女から「お客様、当店は初めてだったんですか？」と聞いてきた。そこで、ここぞとばかりに25年前のピンサロだと思って利用したエピソードを話した。すると、彼女は最後までピンサロだと思っていたということに「超ウケるんですけどぉ～」と笑ってくれた。そして、意外なことも教えてくれた。

「今も時々、〝ピンサロだと思った〟というお客様もいらっしゃいますよ」

なんと、四半世紀が過ぎた現在にも『I』をピンサロと勘違いする殿方がいるというではないか！　まぁ、そのまま「高級なピンサロだな」と思いながらサービスを受ける者は皆無だと思うが……。

嬢に見送られ個室を出て、そのまま店を後にした。階段を下りてビルの外に出ると、目の前を帰宅する会社員や学生を乗せて走る都電荒川線が横切った。仕事や学業でお疲れだろうに……そう思うと、なんだか申し訳ない気分になりつつ、大塚を後にしたのだった。

【東京都豊島区池袋】

ラブホ街にひっそりと咲くぽつんソープの名店

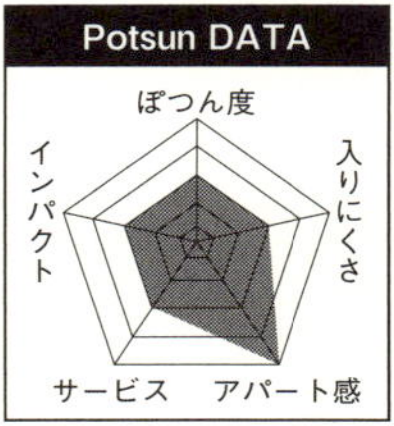

兼業ライター期間も含めると風俗業界に身を置いて25年が過ぎた。この四半世紀でキャリアのスタート当初と現在では変わったことが多々ある。その代表例ともいえるのが「ラブホテルでの撮影が増えた」ということだろう。もちろん、これは都内の風俗店のほとんどが現在、派遣型風俗店であることを意味する。

そのため、筆者は必然的に都内のラブホテル街を徘徊することになる。取材先のお店から「○○ホテルの予約を取ってあるので、子門さん、先にチェックインして取材準備をしていてください」と言われるケースが多くなった。その結果、１人でラブホテル街を歩くことが増えたというわけだ。

『J』がある池袋のラブホ街。通りの両脇にホテルが並ぶ。

先日も撮影（取材）場所に先入りするために池袋のホテル街を歩いていると、もう一つの〝ここ最近、増えた風景〟に遭遇した。旅行者らしき外国人カップルの姿を見かけたのだ。実は彼らのような外国人カップルが最近、風俗業界にちょっとした問題となって影響を与えている。

ここ数年、日本は観光などで来日する外国人が増える一方である（２０１８年1月現在）。そんな彼らが宿泊先としてラブホテルを利用する傾向が高まっているようだ。理由としては、まず、ビジネスホテルよりも安価で宿泊が可能であることが挙げられる。また、ホテルによってはジェットバスなどの設備の楽しさにも興味を持つのだろう。その結果として、夕方からの時間帯は混雑して風俗ユーザーがラブホテルを利用できないというケースが増えているそうだ。とくに歌舞伎町界隈や池袋に多く見られる傾向だという。

●池袋のラブホ街で見た光景

話をある日の池袋のホテル街に戻す。夕方、筆者が取材先に指定されたホテルを目指して歩いていると、ある一角から男性の「うちはダメなんだよ！」、「そういうところじゃないんですよ！」、しまいには「ノー！」という声が聞こえてきた。見れば、そこには声の主の男性に止められている外国人カップルがいた。入店拒否だろうか……筆者は一瞬、そう思った。と、いうのも、最近、外国人観光客の利用を断るラブホテルも増えているからだ。

まず、多いのが土足禁止の室内を土足で利用されることだという。また、ホテルのフロントスタッフが外国語を理解していないための連絡の行き違いも多いそうだ。たとえば彼らに非があっても「日本語がわからない」からと開き直るケースもあるそうだ。ようするに文化・習慣の相違によるトラブルが少なくないのである。

しかし、今回、外国人カップルが入店を拒まれた理由は一目瞭然だった。なぜならば、そこはラブホテルではなく風俗店だったからだ。そう、本稿で紹介する『J』（仮称）はラブホテル街に「ぽつん！」と存在するソープランドなのである。外観的にはラブホ的というか、奥ゆかしく周囲に調和するようなデザインであり、角に建っていたから目に留まったのだろう。どうやら、外国人カップルはラブホテルと間違えて入店したようだ。

その光景を見て、筆者としては目から鱗状態だった。「そうか、ここにも『ぽつん風俗』があったじゃないか！」という気分になった。この十数年間、何百回もその道を通っておきながらノーマークであった。もちろん、気付いてはいた、そこにソープランドがあることを。建物の横を通るたびに独特の湯気の香りが漂っていたからだ。しかし、その道を通るのは取材前後ということで気持ち的にも慌ただしい時である。そのため、気にせずに現在まで時間が経過していたのだ。それほど存在感が薄い物件なのである。

もちろん、イチ風俗ユーザーとして興味を持ったことはあった。しかし、その、なんというのでしょうか。いろいろな評価を見ていると、あまり芳しいものではないのだ。いわゆる熟女ばかりで「豊島区にあるリアルな年増園」などと揶揄する書き込みもあったほどである。それゆえに意図的に避けていたこともあった。しかし、それでは〝ぽつん風俗研究家〟としていかがなものか？　そう思った筆者はデリヘルの取材を終えたら『J』に潜入する決意をした。

●ぽつんソープ「J」の実力とは？

取材が終わり、改めて『J』の前に立つ筆者。立地的には角地にあり、少し道を入ったところから入店すれば人目を気にしないで済む感じだ。

これならば初心者でも入りやすい……とは思いつつ、いかんせんホテル街の真ん中にある物件である。なんだかんだで入りにくいのかもしれないなどと考えつつ、いかにも慣れていますといった感じでドアを開けると、先ほど外国人カップルの対応をしていたスタッフが案内をしてくれた。まず入浴料金の小4枚（取材時）を支払う。サービス料金は直接泡姫に支払ってほしいとのことだ。50分コースなので妥当な価格だろう。

在籍泡姫のパネル写真を見て驚いた。けっこう若いのである。20代の泡姫もいるではないか！　かつて見たネットの噂では、やれ超熟だとか自分の母親世代のオバちゃんが出てきたといったものがあっただけに、ホッとした。が、それでも拭えない不安はあった。それは多くの嬢のプロフィールに年齢が記載されておらず、実際はスリーサイズも未記入の女のコが多かった。まさにイチかバチかという状況だ。

結果としては、お迎えに来た泡姫は写真では素敵な笑みを浮かべていたが、目尻に笑いじわが浮かんでいた。正直なところ、「何年前の写真？」という感じであったが美人の部類に入る。おそらく、40代半ばで筆者と同世代といったところだろう。「うちの店は階段が狭いので手をつなげなくてごめんなさいね」と言いながら先に2階へ上がる嬢。下から見るとお尻がプリっとしており、程よく熟れた感じが堪らない。この時点では期待が高まった。

2階は古いアパートのような長い廊下があり、そこでは手をつないで歩いてくれた。肌質は

まるでアパートのような外観の『J』。看板がなければここがソープとは気づくまい。

なかなかみずみずしく、「これは当たりなのでは?」と思わせるものがあった。

しかし、部屋に入ると不安が高まる。部屋が狭いのだ。風呂も昔よくあった銀色のステンレス製の立方体型の小さな浴槽だった。これでは混浴系のプレイは難しそうだ。

正直なところ、この時点で筆者の評価は高くはなかった。なぜならば、筆者はソープランドの醍醐味はマットや浴槽でのプレイにあると思っているからだ。それがないとなると、「正直、厳しいぞ……」となる。まぁ、50分コースということで、当初からマットはないことは予想されたので、心のダメージは、そんなに大きくはないが。

●ツボを押さえたサービスに満足

そんな筆者の気持ちを察したのだろうか。嬢が「ごめんねぇ、狭くて」と苦笑い交じりで謝ると、「その代わり、ベッドではサービスしちゃうから」としなをつくってきた。部屋や廊下の雰囲気といい、嬢のリアクションといい、昭和テイストを感じる店だ。

嬢の宣言通りにベッドでのサービスは、それなりに濃厚なものだった。と、いっても突飛なサービスをするわけではない。全身リップから始まるサービスは、むしろ基本に忠実。丁寧に行っているからこそ、濃厚に感じるのだろう。一ヶ所に時間をかけて舐めるスタイルで、テクニック重視のユーザーにオススメできる。局部へのサービスもジックリと……しかしながら50

分コースで時間が少ないので的を射たかのような舐め方をするのだ。いわゆる〝ツボを押さえた〟サービスであり、レベルの高さを感じるには十分であった。

そのままの流れでフィニッシュとなったが、気が付けば50分間、ずっとリードされっぱなしで、見事な展開であった。言葉で表現すれば、「〝サービス〟というものは、こういうものですよ」ということを教えられたような気分である。そうした上質なサービスが1万円ちょっとで体験できるとは、まさに穴場だと思う。

何度も何度も通り過ぎていた『ぽつん風俗』は思わぬ名店だった。ソープランドにマットプレイを求めないのであれば、満足度はかなり高いのでは？　池袋という日本を代表する風俗エリアにぽつんと建っている『J』は、入店しやすいシチュエーションでもあるので〝ぽつん風俗初心者〟にもオススメだ。

【神奈川県横浜市】

ハマっ子御用達!? 横浜のぽつんヘルス三連星

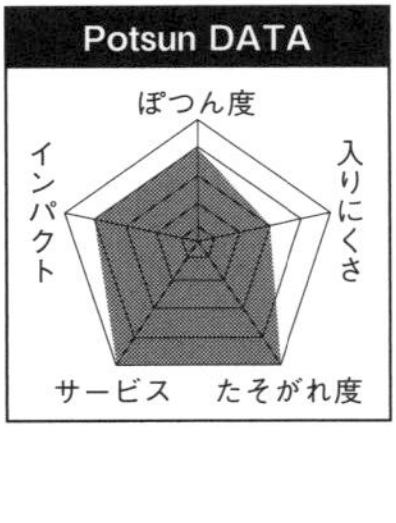

本書で何度か触れているが、筆者が風俗にハマったキッカケの一つにイメージクラブがある。店のコンセプトに沿った内容のストーリーに沿ったプレイを楽しむものであるが、その非日常さに魅了されたのだ。

しかし、これまた本書で何度も触れているように石原都知事時代の浄化作戦によって、未許可営業をしていたイメージクラブは都内から消えた。この消えた店であるが、その後、多くが派遣型風俗店に鞍替えをしていった。

この移行時にファッションヘルスとして営業していた店は、そのままデリバリーヘルスという業種にスライドできた。しかし、問題はイメクラだ。イメクラは部屋の内装があってこそのジャンルだったので、派遣型風俗店にコンバートができなかったのだ。なんとか雰囲気だけでも残そうとした店はコスチュームにこだわったりもしたが、いかんせんラブホテルの一室では、すべてを再現できるわけではない。結果、都内からイメクラというジャンルは消えていき、今や絶滅寸前である。

●関内・曙町エリアはイメクラのメッカ

会えなくなって自然にフェードアウトするカップルのように、風俗も遊ぶ機会が少なくなると、熱が冷めてくるのだろう。筆者の足は自然とイメクラから遠のいていった。それでも時折、昔を懐かしむようにイメクラで遊びたくなる時がある。そんな時に目指すエリアが横浜の関内・曙町エリアである。この界隈は現在、関東でも珍しくなったファッションヘルスをはじめとする店舗型風俗店が密集している。そして、その中には何軒かイメクラも存在しているのだ。本格的に電車内を模した部屋がある痴漢風俗など、2018年の今となっては貴重な存在ともいえる店が軒を連ねている。

このような店がまとまった環境、つまりは店舗型風俗店が集まった風俗街があるので、横浜には『ぽつん風俗』はない……と思ったら大間違いだ。実は横浜市は『ぽつん風俗』の宝庫なのである。ということで、横浜エリアの『ぽつん風俗』を3軒ほど紹介しよう。

たとえば東急東横線・横浜駅の隣に『反町』という駅がある。某タレントの苗字と一緒なので〝そりまち〟と読まれがちだが、〝たんまち〟と読む。駅周辺は、この四半世紀でガラリと雰囲気が変わったが、20年以上も営業を続ける老舗のぽつんヘルス『K1』(仮称)があるのである。

●反町のぽつんヘルス『K1』

今回、久しぶりに反町に降り立って驚いた。駅が地下に潜っていたからだ。なんでも2006年春から新駅舎として営業しているとか。そうとなると、元の地上にあった駅舎はどうなったのか？　もちろん整備されてなくなっていて、ガード下周辺もやけに小ぎれいになっていた。

「こりゃあ、『K1』はなくなっただろう」

そう呟いてしまうほどスッキリしていて、マンションなどが建ち並び、とてもじゃないが風俗店が入る余地はないと思わせる景色が広がっていた。『K1』には約20年前に一度お世話になっている。これはさすがになくなったか……。そう思いつつ、記憶をたどって変わり果てた駅周辺を散策していると、あったのだ。

向かって右にスナック。左におしゃれなマンションに挟まれるように、その隙間に『K1』

マンションと飲食店に挟まれ、ぽつんというよりもひっそりと営業する『Ｋ１』

の入口があった。その隠れた感からぽつん度はかなり高い。また、建物の並び順からして知らない人からすると『Ｋ１』もスナックに思われがちなのではないか？

しかしよく生き残ったものだ。これは推測になるが、この界隈は新駅舎になったことを境に飲み屋が減少。さらに、最近の若者は酒を飲む量が少なくなったうえに、風俗離れも進んでいる。普通であれば、『Ｋ１』にとってはキツイ状況だ。「だけど、許可証はあるし、女のコも残っているし、続けるかぁ～」的なノリで残ったのではないか？

しかし、入口の奥は暗い。どうやらいまは営業していないようだ。やはり閉店したのか……そう思い、スマホで検索してみる。一応、公式サイトはあるが、昭和臭漂うデザインとでもいおうか。いろいろな意味で味がある。それを見てわかったのは、オープンは15時からであり、筆者が訪れたのは13時直前。つまり、営業時間の前だったのだ。しかし、不安は拭えない。在籍情報を見ると女のコは4名のみ。掲載された情報は源氏名と写真だけであり、年齢やスリーサイズは一切記載されていない。

はっきり言って怪しい。しかし、筆者もプロの風俗ライター。ここまで来て手ブラで帰れない。オープンまでの1時間、周辺の喫茶店で時間を潰し、15時過ぎに再訪してみると……開いていない！　公式サイトを再チェックすると、その時間帯の出勤キャストは1人だけになっていたので、まだ出勤していないのか？　そうこうしているうちに15時20分頃になって、ようやく店の入口の灯りがついた。

意を決するという表現がオーバーではないほど恐る恐るという感じでドアを開けた。スタッフから「女性は1人しかいないから選べない」ことを告げられる。30分で小8枚という料金を支払うと、すぐに個室に案内された。お相手の嬢は……まぁ、暗かったので、あまり見なかった……いや、見えなかったことにしよう。

店の内装は以前とおそらく変わっていないと思う。しかし、個室に設置されていたシャワーブースなどはシッカリと手入れされており、不快さはゼロだ。また、嬢もいかにもベテランという感じでソツなく熟練されたテクニックを披露してくれた。満足に近い可もなく不可もなし、といったところか。

●キャバクラビルの中のぽつんヘルス『K2』

二十数年ぶりに『K1』を体感した後は、再び横浜駅まで戻る。駅周辺は横浜市の中心といった感じで賑わっているが、風俗臭はしない。しかし、西口方面にはいくつかラブホテルがあって、そこを利用したデリヘルが複数営業しており、筆者も取材で何度も訪れている。そして、ここで紹介する『K2』は、そんな取材のさなかに見つけた。いや、偶然出会ったという感じか。

2年ほど前だと記憶している。横浜駅西口から徒歩7、8分の場所に事務所を構えるデリヘルの取材をすることになった。その前に少し早めの夕飯でも食べようと界隈を散策していると、やたらと看板が並んでいるビルに出くわした。どうやら、ビル内に入っているテナントのものらしいが、キャバクラやパブが多く、古着屋などもあるようだ。そして、インド料理店のような名前の看板があったので、「カレーでも食べるか」という感じで看板に近寄ると、そこには『ファッションヘルス』いう文字があった。ビルの中に1軒だけあるファッションヘルスなので、立派な『ぽつん風俗』である。もちろん、ディナーよりも前に女のコをいただくことにしたのは言うまでもない。

店は2階にあったが驚きの連続だった。とにかく狭いのだ。待合室も横一列に並んだソファに座ると前の壁に膝が付きそうなほどだし、通路も筆者は横向きにならないと壁に肩が当たってしまうほどだった。案の定、案内された部屋も1畳あるかないかという狭さ。シャワーがベッドの奥に設置されていて、〝うなぎの寝床〟という表現がピッタリである。後に口コミサイトをチェックしたら多くのユーザーが「日本最狭なのでは？」と書き込んでいた。

ちなみに、この『K2』は前出の『K1』同様に公式サイトはあるにはあるが、在籍キャスト情報が皆無である。結果としては、20代後半と思われる、なかなかの美女に行き当たった。狭さゆえに密着感が高い……と書けば聞こえは良いが、筆者の中年太り体型が存在すると、窮屈という表現が当てはまる。

なお、嬢は挨拶や世間話などは耳元で囁く感じで話しかけてきた。「隣の部屋に聞こえちゃうんです」という理由だが、このコソコソ感が、いけないことをしているような雰囲気があって、ドキドキを加速させる。例えるならば、彼女を自宅に呼んで、隣の居間に親がいるのに自室でイチャイチャしているような気分である。しかし、欲望が抑えきれなくなって、次第にエスカレートして……、大いに乱れてしまい、悶え声が出てしまう。完全に隣の個室に筒抜けだろう。恥ずかしい。その感覚がさらなる興奮を呼び、絶妙な気分の中で果てた……と、いうのが『K2』を初利用した時の感想である。

異様な数の立て看板にまぎれた『K2』の看板。どこにあるかわかりますか。

今回、本書用に再訪したところ、1階に看板はあった。しかし、13時過ぎに店は開いていなかった。リネン袋が無造作に置かれていたので営業はしているようだ。公式サイトをチェックすると、なんと営業開始時間が書かれていないではないか！　もしかしたら『K1』同様にキャストが出勤したら営業開始という流れなのだろうか？　残念ながらプレイをできずに『K2』を後にした。

●即尺サービスあり！　桜木町の「K3」

続いて訪れたのは桜木町である。隣の関内エリアが一大風俗街になっているが、桜木町には風俗店が一切ない。そう思っていた。筆者は基本的に桜木町は呑みの町というイメージがあるので、数か月前に『K3』を発見し

飲み屋街で異彩を放つ『Ｋ３』。男たちを吸い寄せるべく、まばゆい光を放っていた。

た時は驚いた。バーとバーの間にぽつんと、それでいて、いかにも風俗店的な賑やかな看板を光らせていたからだ。近付けば店オリジナルのキャラクターもいるようで、なんだか遊園地的な楽しさがある。物件的にはぽつんであるが、存在感はかなり大きい。

プレイ内容は、まさにテーマパークのようであった。コース名を記したメニュー表には『即ヤリ！　コース』、『生夜這いコース』、『ママしてコース』といった男であれば心躍るようなキーワードが散りばめられている。

今回は『Ｋ３』で一番ポピュラーだという『即ヤリ！　コース』を選んだ。風俗業界でいうところの〝即〟とは出会ってスグにプレイが始まることである。即尺であればスグにフェラチオが始まるといった流れだ。もちろん、しゃぶる側の女性には抵抗感があるだろう。多くの店が亀頭の先端をチュッとする程度だ。

しかし、『K3』は店舗型風俗店ということで客が先にセルフで身体を洗う。股間も専用の石鹸で洗って準備万端となる寸前、セルフシャワー中にキャストさんが入室。壁に設置された吊革につかまって私服姿で待機しているところを、本物の痴漢のようにタッチすることができるのだ。もちろん脱がすことも可能で、こんなに大胆なことができるだなんて……と興奮を覚えた。そして、そのままベッドに雪崩れ込んで……という流れだ。もちろん、責めても責められてもOKであり、その本能の赴くまま感がタマらない。まるでジェットコースターに乗っている感覚だ。

そのまま一度発射を済ませたところで、女性から改めての挨拶があり、驚きの提案をされた。それはプラス500円でマットプレイが追加できるというのだ。ワンコインでソープランドのようなマットプレイが楽しめるのであれば、もちろん断る必要もない。2度目の発射はヌルヌルになって楽しんだ。大満足である。

昔ながらの老舗からビル内に入った極小ヘルス、そして即プレイ店まで……。横浜の3店舗は、それぞれに個性があって良かったと思う。大規模な風俗エリアにこそ優良な『ぽつん風俗』が存在すると改めて実感した次第だ。

【コラムその2】

青春のぽつん風俗よ、さらば（下）

思い出の『ぽつん風俗』を再訪するために筆者は北千住を訪れた。そのうちの一軒で駅の西口側の商店街の路地裏にある駅前ソープの『K』は建物は残っていたものの、すでに閉店していたという、話を43ページに書いた。

閉店は残念であるが、北千住にはもう一軒、駅の東口の線路沿いに『C』というソープランドがあったので、そちらに向かったが……。

●老婆だらけという噂のソープランド

ちなみに、この『C』は『K』に負けず劣らずな噂がたくさんあった。『K』は駅前ソープ、つまりヘルスであったが、『S』はれっきとしたソープランドである。それゆえなのかは不明であるが、界隈ではイロイロな意味でいわくつきのソープランドであった。

『K』は在籍嬢が熟女ばかりと言われていたが、『C』はその上をいっていて、〝老婆ばかり〟という噂だった。もちろん、20年以上前のことなので公式サイトもなければ、ネット上の掲示板もない。近所の居酒屋にいる酔っ払い中年の言葉が唯一の口コミだった。

そうなると逆に興味を持ってしまうのが風俗ライターの性《さが》。当時はまだ筆者は学生だったが、喜ぶべきか、悲しむべきか

、その素養はすでに備えていたようだ。

そこで、またもやバイトで得た5万円を握りしめて『C』に向かった。

東武伊勢崎線（現東武スカイツリーライン）の線路沿いにあり、「入るところを駅のホームから見られているのでは？」というドキドキ感があった。改めて『C』の前に立つと、物件から何か妖気のようなものが漂ってくる感じがした。それでも思い切ってドアを開けた。

その瞬間の感想は「……なんだろう、このニオイは？」であった。今までに嗅いだことのないニオイがしたのだ。あえて表現するならば、歴史のある銭湯の洗い場のような、かすかにカビ臭い湿ったニオイと言えばいいだろうか。そんなニオイが押し寄せてきたのだ。

本当は回れ右をして帰りたいところだったが、それでも意を決して店内に入る。驚いたことに指名写真がなかった。この時点で敗戦確実という雰囲気だ。ちなみに、この事実を闇に葬ってしまったのか、料金を覚えていない（本稿のために調べてみたところ、50分で大1枚小5枚

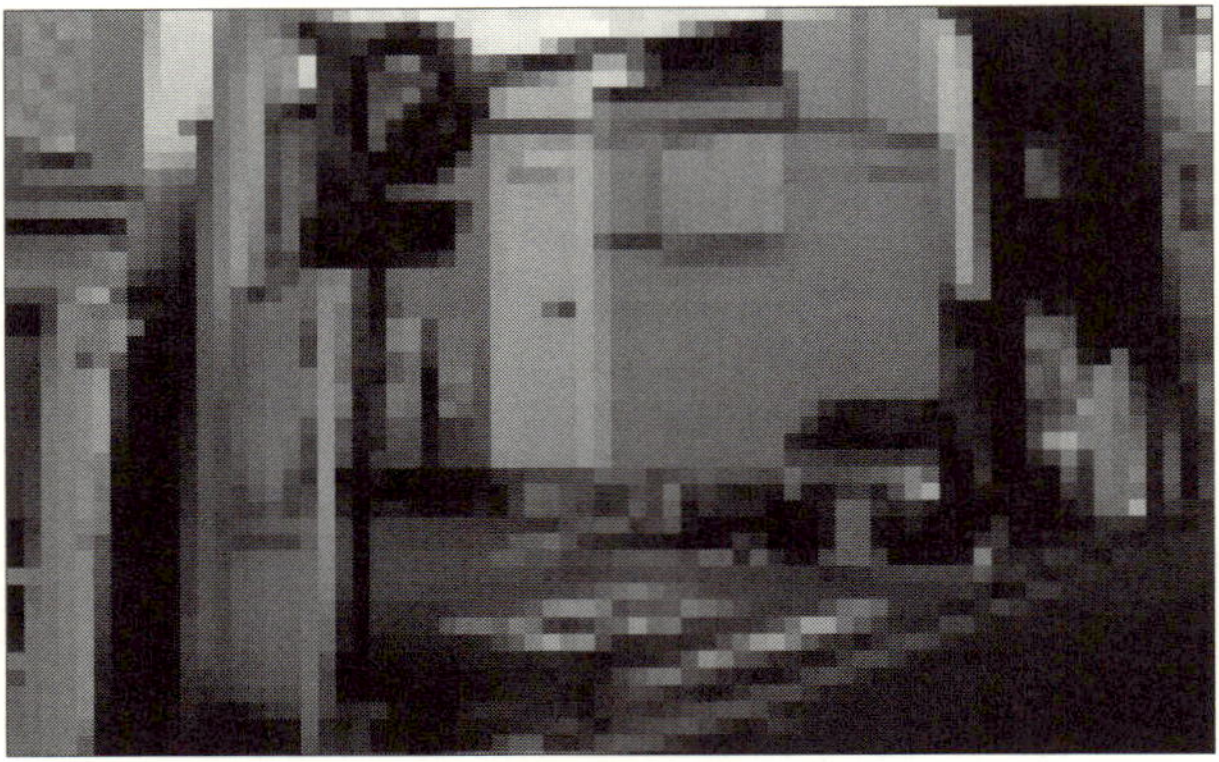

「C」の姿はなく、現在は駐車場に……。すべては思い出の中だ。

だったようだ）。

●慰安旅行のオバちゃんが登場

そして、敗戦が決定したのは5分後のこと。用意ができたとのことで、2階から泡姫が降りてきた。

次の瞬間、筆者は泡を食った。

なぜならば、案内されたのは絵に描いたような下町のオバちゃんだったからだ。崩れたパーマ頭に、化粧っ気なしの顔。色褪せたムームー……慰安旅行のオバちゃんそのものだ。

「あなた、若いけど……お母さん、何歳？」

筆者を見た嬢の一言目がそれだった。

風俗店で自分の年齢を聞かれることはあっても、母親の年齢を聞かれるのは初めてである。

正直に答えると、嬢は「良かった〜、アタシのほうが少し年下で」と安堵した表情を浮かべた。ちなみに、筆者の母親は当時51歳である。〝少し〟という表現は3歳差かもしれないし1日違いかもしれない。

●プレイの記憶は忘却の彼方に

部屋に案内された。玄関先で感じたニオイが凝縮されていて、思わずむせたことを今でも忘れない。そして、嬢は筆者に言った。「あなた、彼女はいるの？　まさか、これが初体験じゃないわよね？　童貞だったら、こんな店に来ちゃだめよ」って感じだったと思う。実はこれ、当時若かった筆者が、東京の下町にある風俗店に行くと言われていた常套句であった。やたらと人情味溢れる御言葉であるが、この時ばかりは自分の母親に叱られている気分になったものだ。

プレイの内容は……覚えていない。いや、本当のことを言えば忘れたフリをしていた。申し訳ないが、意図的に忘れたフリをしてみた。正直に告白すると、ソープなのにアソコではなく、乳首を指でイジられながらのフェラでイッてしまったからだ。つまり、挿入していない。現実から逃げようと目をギュッと閉じていたら、熟練されたテクニックにイカされた格好だ。そして、その後は萎えてしまい再び勃起することはなかった。こんな体験は初めてであった。直後に何度も嬢から「ごめんね」と謝られたことを覚えている。

そんな思い出を胸に秘め、『C』に向かったら、あれ？　ラブホテルになっている？　いや、当時から、そこにラブホテルはあったので、おそらく隣のコインパーキングが『C』が建っていた場所だろう。その背後には、数年前にできた大学の立派な校舎がそびえ立っている。『C』は跡形も面影もなくなっていた。

そのまましばらく駐車場の前で物思いにふけっていたら、不審者扱いされて警官に職務質問をされてしまった。

警官に事情を説明すると、「あ〜、あったね〜。だけど『C』だったら10年位前に解体されたよ」とのこと。若き日の筆者に風俗の厳しさ。そして、下町風俗店のぬくもりを教えてくれた『C』は、いま完全に思い出の中だけのものになったのだった。

【第三章】

郊外型ぽつん風俗

【千葉県船橋市】

ぽつん界の生きる伝説、住宅街に潜む緑のモンスター

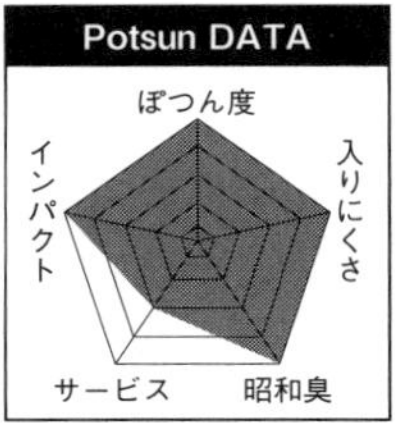

筆者がライフワーク、もしくはフィールドワークのように『ぽつん風俗』巡りをしていると、ありがたいことに面白がってくださる方がいる（そのおかげで本書が成り立っているのです）。そのような方々が「おもしろいですね！」と言った後に必ずといってもいいほど、「で、どうやって探すんですか？」と聞いてくる。

実は筆者自身が『ぽつん風俗』を意識するようになったのは、ここ5、6年のことだ。探して訪れる物件もあれば、偶然に見つかる物件もある。探して見つけるパターンは、まずネットで店舗型風俗店を検索。多くが同じエリアに密集しているので所在地は似たような住所になるが、時折、地名が1軒だけ異なっている物件があるときがある。そうすると、それが『ぽつん

風俗』の場合が多い。後者の偶然に見つかる物件というのは、旅先や取材で訪れたさまざまなエリアを街歩きをして発見するというパターンだ。『ぽつん風俗』を意識をする以前はこのケースが多かった。そして、現在のように意識するようになってから再訪することが多々ある。

この偶然に見つかる『ぽつん風俗』の多くがネットに情報を掲載していない風俗店であり、本章で紹介する物件もそのケースに当たる。

●車窓に映る奇妙な看板

それは2年ほど前のこと。筆者は千葉市栄町にある風俗店の取材を終えて、カメラマンが運転する車で千葉街道を走っていた。すると、船橋市の某所にて少し渋滞にハマった。カメラマンと雑談のネタも尽き、カーラジオに耳を傾けながら外を眺めていた。次第に車も動き出し、流れる車窓を眺めていると、電柱にソープランドと書かれた看板がかかっているのが見えた。

プソー
ドンラ

こんな感じである。あまりにも唐突過ぎて最初は「ふ〜ん、ソープか〜」という感じで流しそうになった。しかし、スグに「え？　ソープランド？　本当か!?」と驚きに変わった。筆者が知る限り、そのエリアには店舗型風俗店はないはずなのだが……。慌てて外を見たが、車での移動中ということで瞬間的に捉えることができたのは、「喫茶店じゃないの？」という感じの緑色の建物だった。そこで、その場所を覚えておき、翌日、その建物を訪れてみることにした。

まず、千葉街道の看板があった場所へ行く。たしかにソープランドと書いてある。そして、その看板の少し先にあった横道を覗くと、やはり、緑色の建物があった。1日前にパッと見た感じは喫茶店的と思った建物は、どちらかといえばスナック然としていたが……やはり、ソープランドだった。『L』（仮称）という店名で、周囲は空き地・駐車場が多く、向かって右隣りは民家なのだろう。見事な『ぽつん風俗』だ。見事過ぎる！

昨今の『ぽつん風俗』は時代の流れで雑居ビルやマンションに入っていたり、階下もしくは階上は他の店舗が入っていたりすることがほとんど。純粋な〝一軒家型ぽつん風俗〟は少ないのだ。

このテの店は昭和から続いていることが多い。この『L』も、そこの風景だけが切り取られて昔のままというか昭和臭が残っているというか、時間が止まっている感がハンパではないの

これが問題の看板。通学路の標識の真上にあるというのがスゴい。

だ。外観もいろいろな意味で洗練されていない。そのくたびれ具合からおそらく半世紀は経過しているものと思われる。さらに隣が更地になっているので、より取り残された感が演出されている。こんな最高の物件は他にはないだろう。

●ついに姿を現した幻のソープ

実は、この『L』は風俗ユーザーの間では〝幻のソープ〟などと呼ばれ、知る人ぞ知る存在だった。なぜ、幻なのかといえば、この店に関する情報があまりにも少ないからだ。

まず、公式サイトがない。また、一切の広告を出していないのだろうか。風俗系ポータルサイトにも情報がない。

唯一の手掛かりは口コミサイトのユーザーによる評価だが、それも取り上げられることは稀なようだ。しかも、評価は思わず絶句してしまうものばかりである。そうとなると風情があって素晴らしいと思っていた建物が緑色の巨大要塞に思えてくるから不思議である。

まず料金がわからないことは不安材料の一つであり、最大の懸念すべき事項である。そこでインターネットを駆使して調査すると大1枚小5枚といったところであることがわかった。金額はクリアした。続いては泡姫であるが、前述のように口コミサイトに書かれた評判は絶望的なものばかりだ。しかし、風俗ユーザーとは不思議なもので、その口コミ評価の中に「もしかしたら若い泡姫にあたったという口コミがあるかもしれない」といった感じで良いものを探してしまうものである。しかし、そんな淡い希望も見つけられないまま店の前に来てしまった。

緑色の建物を前にし、深呼吸をして心を落ち着かせる。目の前の建物はこれまで感じたことのない威圧感を漂わせている。足が前に出ないのだ。それでも勇気を振り絞ってドアを開けた瞬間……やはりというか、猛烈な昭和臭が漂ってきた。

玄関の突き当りにある受付はまるで古き良き日本の旅館さながら。そして、そこに座っている女性スタッフも噂通りの老婆で昭和から時間が止まっているようであった。待合室は老婆の背後にあったドアの向こうらしく、いきなりそこへ案内される。6畳位の広さだろうか？　待ち客なし。つまり、筆者だけがぽつんという感じでソファに座らされる。

見よ、この威容。周囲は普通の住宅街、ここまで見事なぽつん風俗も珍しい。

●往年の女子レスラーのような嬢と対戦

待合室に老婆が入ってくるとシステム説明があり、コースは50分・大1枚小5枚からとのこと。事前に調べていた情報通りで安堵したが、80分で大2枚というコースもあった。初めての店舗ではショートでお試しするのが風俗ユーザーの鉄則である。指名は……できないという。写真パネルもないので受付の老婆に大まかな好みを伝えたが、大柄なオバちゃんが案内された待合室の外で待っていた。大まかにもほどがある……と落胆したのは言うまでもない。

泡姫の年齢は大目に見積もってアラフィフという感じだ。ポッチャリというのではなく、ガッチリした感じなのだ。筆者の頭の中に浮かんだキャッチフレーズは『キャ

『L』の姿を側面から。緑色に塗られた建物は存在感抜群だ。

リア30年以上のベテラン女子プロレスラー』だ。部屋に入り思わず立ち尽くしていると「大丈夫よ、痛いことはしないから！　ガハハ！」と豪快に笑った。

驚いたのは部屋の構造だ。ベッドが置いてある部屋と浴室の間がガラス戸で仕切られていた。ソープランドの聖地と呼ばれる吉原では両部屋を仕切るものがない。だから、部屋全体が独特の湿気とニオイに包まれていることがある。それが「ソープに来たぞ！」感があって良いのだが、そういえば、この『L』にはそれがない（まぁ、違った独特な〝ニオイ〟はあるのだが）。おそらく条例によるものだろう。ソープランドというとその光景に見慣れているので、筆者にはガラス戸が新鮮に映った。嬢に聞くも「ガラス戸は条例かって？　わかんないわよ、ガハハ！」と、これまた豪快に笑い飛ばされた。そういえば埼玉県の一部地域でもガラス戸で仕切られたソープがあった。そのエリアの条例によりけりなのだろう。

時間の都合上か元々なのかはわからないがマットはないという。身体を洗ってくれている際に嬢がしきりに言っていたのは40代後半でアラフィフの筆者に対して「若いお客さんは珍しい」。そして、「新顔さん（新規客のことだろう）は久々だわぁ〜」とのこと。彼女の場合は、ほぼ常連さんによる指名でシフトが埋まるらしい。きっと、その常連さんは昭和から通っているんだろうな……なんて勝手な想像をしてしまう。

ベッドでの嬢はガッチリ体型とは相対して丁寧にご奉仕してくれた。とくにフェラはジックリと時間をかけて先端から根元まで……という感じだったが、筆者が下になっているポジションだと彼女のガッチリボディの重圧感がハンパじゃない。そのためフィニッシュは筆者が上のポジションになったが傍目から見たらレスリングのスパーリングのように見えたことだろう。自分の姿を想像すると、頭の中にシュールな絵が浮かび、笑いを堪えつつ発射に至った。

全てのコトが終わり、受付老婆の「ありがとうございました」というぶっきらぼうに聞こえる挨拶を背にして店を出たのは入店からキッチリ1時間後のこと。道を歩いてフと振り返ると、当然だがそこには緑色の『L』が建っていた。なんだか筆者に対して勝ち誇っているようにそびえ立って見えたのは気のせいだろうか……。

【千葉県松戸市】

紛らわしい店名が生んだ悲劇 不幸を呼ぶぽつんソープ

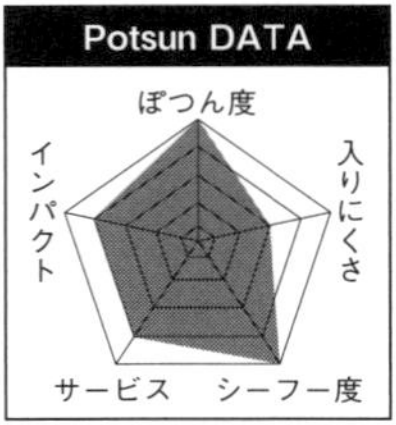

千葉県松戸市というと、どのようなイメージをお持ちになるだろうか？　今や全国展開しているドラッグストアのマツモトキヨシの発祥地？　その創業者の松本清氏が市長時代に作った『すぐやる課』だろうか？　最近ではラーメンの激戦区というイメージをお持ちの方もいるかもしれない。

この松戸市は千葉県の北西部にあって、江戸川を隔てて東京都に接するベッドタウンだ。関東を知る人であれば、このイメージが一番大きいのではないだろうか。

松戸市は元々、細川たかしのヒット曲として知られる『矢切の渡し』で有名な、江戸川の水運を利用した宿場町として栄えたそうだ。そのため、遊女を抱えた宿泊施設が数多くあり、やがて、遊郭へと変わっていき、多いときには三十数軒もあったという。

その名残りというわけではないだろうが、20年前まではJR松戸駅周辺はなかなかディープな様相を呈していて、筆者は経験したことはないが、本サロが多いことでも知られていた。また、東口方面にはホテル街があり、そこを根城にする街娼がいたそうだ。現在は西口、東口共に繁華街は広がっているものの、基本的には飲食店ばかりなので、かつての面影を見ることはほとんどない。しかし、ホテル街の周辺のマンションにはデリヘルの事務所が多数あり、駅から離れているものの、『ぽつん風俗』もある。まぁ、駅から離れているからこそのぽつんなのだけど。

『M』（仮称）というソープランドがそれで、関東では多数のチェーン店展開をしている有名店。松戸市内にも2軒あるが、ここで取り上げるのはそのうちの1軒である。

●親切でやったつもりが裏目に出る

その2軒のうちの1軒こそが、実は筆者の『ぽつん風俗』の原点である。それは筆者が21歳の時のこと。当時、付き合っていた彼女は松戸市の隣の鎌ヶ谷市に住んでいた。一方の筆者は埼玉県某所に住んでいて、デート時に彼女を車で送ると松戸市を通過することになっていた。

あるデートの帰り道のこと。流山方面から走り、松戸駅近くの陸橋を越えて、岩瀬という地域を走り、国道6号線と交差する十字路に差し掛かろうとした時のことだ。

彼女が「お腹が空いた」と言い出した。そして、「そこに美味しそうなシーフードのお店があるし、せっかくだから食べて行こうよ！」と言い出した。たしかに、一軒家的な店があるし、看板には美味しそうな甲殻類の名前も入っている。実は、その店こそが『M』だった。彼女はその佇まいと店名から海鮮料理の店だと思い込んでいるのだ。そこで筆者はキッパリと言った。

「そこには入れない」

当然のように「なんで？」を連発する彼女。しまいには「だって、仁くん、私がエビやカニを好きなの知ってるでしょ！　だから、今度の冬は北海道へ旅行しようって言ったじゃん！」と怒り出してしまった。

もちろん、キミがエビやカニを好きなのも知ってるよ。北海道旅行の約束もしたよ。だけど、その店には入れないんだ。だって甲殻類の名前が入っているけど、そこはソープランドなんだから……。

すると、彼女はキョトンとして「ソープランドってナニ？」と言った。彼女の質問に対して、男が金を払ってナニをするところだと事細かに説明した。彼女にわかってほしくて親切心で最初から最後までを説明した。その結果、彼女はうつむき、顔を赤くしていた。純情でけっこう可愛いじゃないか……と思ったのも束の間、肩を震わせて涙を流しているではないか！

道路を走行中に突如現れる『M』。ソープランドとは思えぬ、非常に地味な店構え。

「仁くん、なんで、そんなことを知ってるの？　それって行ったことがあるって証拠でしょ！　不潔よ！　不潔！　もう嫌い！（号泣）」

待て、待ってくれ！　それぐらいのことは日本の成人男性なら誰だって知っている。普通の男性情報誌のちょっとエッチな特集にだって書いてあることであって、常識の範囲内のことだって！

そのように説明したが時はすでに遅し。助手席の彼女は車から降りた。必死に止めるが、彼女は聞く耳を持たない。ちなみに、ここは『ぽつん風俗』がある場所だ。最寄り駅からは徒歩で約20分と遠いのに、彼女はどこかへ向かって歩き出す。そしてルームミラーに映った後姿が、彼女を見た最後になった。筆者は、その後ろ姿につぶやいた。

「まぁ、ソープランドには行ったことがあるけどさ……」

実は、その1年前、つまり成人した記念に仕事先の先輩に連れられて吉原デビューをしていたのである。蛇足ながら、その先輩は「オマエ、童貞じゃないよな？」と確認した上でのお誘いだったのは、今、思えば男の優しさというやつだろう。

●据え膳食わぬは男の恥…

話を戻す。『ぽつん風俗』を前に、車内にひとり、ぽつんと残された筆者は、とりあえず目の前の『M』の駐車場に車を停めた。当時の値段は忘れたが、「まぁ、北海道旅行のための貯金もあるし……」と、その時点で〝元〟になったばかりの彼女のために貯めていた貯金を切り崩してソープランドで遊ぶことにしたのである。

ここからは、記憶をたどって思い出しながら書くので詳細は違っていても御容赦いただきたい。何せ二十数年前のことである。

ソープランドは前述の先輩と一緒に行った時以来なので、この時点で2回目だ。しかも、1人での入店ということで、やけに緊張したことを覚えている。また、受付も初めての吉原ソープがスタイリッシュなホテルのフロントのようなところだったことに対して、『M』は提灯などを飾った和風な造りということで、映画などで見る仁義なき組事務所的なイメージを持った。

準備が整って泡姫が迎えにきた。当時の筆者よりも10歳以上は年上と思われる小太りな女性

『M』を別角度から。なぜこの場所を選んだのか、とにかく不思議な立地だ。

がキャミソール姿で迎えてくれたのだが、筆者を見て「若いわね～」、「美味しそうだわ、ムフフ」といった言葉を連発していた。怖気づいてしまったのが正直なところだ。

身体を洗われながら「お兄さん、彼女は？」的なことを聞かれた。まさか、つい20分前に、この店の前で別れたとも言えず。「いないんですよね～」と適当に茶を濁す感じで答えると、「だったら、この1時間はアタシが彼女になるわ！　グフフ」と下品な笑い方をしたことは今でも鮮明に覚えている。

●私の他にも〝被害者〟はいた

ただ、その後のことは全くと言っていいほど覚えていない。おそらくオーソドックスなソープランドのサービスだったのだろう。ただ、帰り際に嬢から「早く彼女を作って、こういうところには来ないようにしなさい」と言われたことが妙に記憶に残っている。上手く説明できないが、昔の嬢はそのような情を持って接客していたように思う。古き良き風俗の思い出である。

と、このような思い出が、筆者にとって『ぽつん風俗』に関する最も古い記憶だ。今回、本稿の写真を撮るために久しぶりに訪れた。改めて見てみると、ソープランドというよりも小料理屋というか、そば屋というか飲食店じみているので風俗店には見えない。近くの国道6号線を走る車の運転手たちも、この建物がよもや風俗店とは思わないだろう。

また、周囲に店はもちろんのこと、ホテルもないので、風俗色が皆無なだけにぽつん度も際立っている。見事なまでの『ぽつん風俗』であり、〝ぽつんの鑑〟ともいえる。

ところで、この『M』にまつわる彼女との一件は、筆者にとって酒の席の鉄板話になっている。先日も中学時代の同窓会に出席した際に、この一件を話したらウケたが、1人、S君だけが浮かない顔をしていた。そして、彼はこう言った。

「俺もさぁ、あの店の前を通った時に小学6年生の息子に、〝あそこのお店でエビフライを食べたい！〟ってダダをこねられて困ったことがあるよ」

筆者が親だったら、どのように説明するのだろう……。いまでも元気に営業中の『M』を見ながら、フとそんなことを思った筆者であった。

【東京都武蔵野市吉祥寺】

若者に人気の街にある秘密主義のぽつんソープ

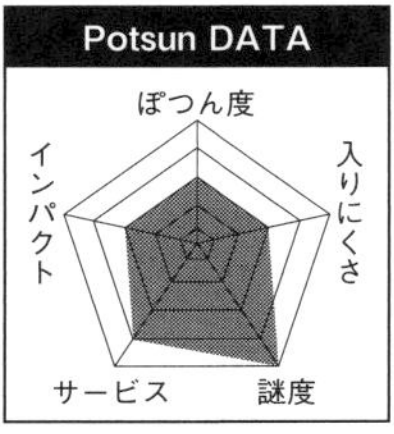

街にはいろいろな特徴があって、それが愉しみや趣になっていることが多い。また、そうした特徴に魅入られて「住みたい」と思う人も多くなるのだろう。

東京において、その住みたい街の代表ともいえるのが吉祥寺だろう。とくに若い人にアンケートを採ると毎回、１位か２位になり、雑誌やネットなどの各種媒体でも憧れの街という感じで取り上げられることがしばしばだ。

実は、この〝若者に人気がある〟というシチュエーションは『ぽつん風俗』を探すにあたって重要なファクターになる。ここ数年、若者の風俗離れが深刻になっている。つまり、若者が「おしゃれ！」と思って集う街には風俗の需要が少ないということになる。そうなると、ぽつんと佇む風俗店がある可能性が高くなる。需要がないところで、複数の店舗が営業を成立させることはできないからだ。筆者はこれを『風俗の相対性理論』と呼んでいる。

●若者の街に似つかわしくない看板

さて、吉祥寺という街に降り立つのはずいぶん久しぶりであったので、街がどのように変わったかはわからない。ただ、「若者の街と呼ばれている渋谷よりも若者が多いのでは？」と思わせるほど若者で満ち溢れていた。

そんな若者の街である吉祥寺で『ぽつん風俗』を探すのは容易であった。なぜならば、電車に乗っていると、次のような看板がすぐに見つかったからだ。

ソープラ
ンド

こんなネオンサインが建物の屋上に燦然と輝いているのが見えたのだ。字のレイアウトのおかしさはひとまず置いておくとして、駅から少し歩くようだ。いきなり突入することも『ぽつん風俗』を楽しむ手段の一つであるが、ある程度の下調べをすることも大切だ。

怪しい光を放つ屋上の看板。独特な位置での改行に強いこだわりを感じる。

各種情報ツールを駆使して調べてみると、関東の某大手ソープランドグループが展開する店であることがわかった。この点では安心して遊ぶことができると思ったのも束の間、公式サイトを閲覧してみると、ないのだ。

いや、サイト自体はあるし、システム（入浴料金）も明記されている。駅から店までのアクセスもある。しかし、それだけなのである。肝心の泡姫に関するデータが一切ないのだ。

そうとなるとユーザーとしては不安しかない。なぜならば、初めて遊ぶソープランドにおいて、内容・結末……つまり、することは同じなので、そのモチベーションは女性のレベルにかかっているといっても過言ではないからだ。個人的には、ソープランドというものは女性のレベルに料金を払っているといってもいいほどだ。その泡姫に関するデータが一切ない、となるとこれは不安でしかない。

しかし、そんな状況でも「なんだか怪しくて面白そうだな！」と思ってしまうのは職業病なのだろう。そこで、あらゆる口コミサイトでこの店『N』（仮称）の評価を調べてみると……これは調べない方が良かったかもしれない。そのような評価ばかりなのだ。それでも、好奇心が勝ってしまい、筆者は『N』に足を運んでみることにした。

●薄味のサービスドリンク

『N』は某有名グループの系列店。口コミサイトではドリンクの質が話題になっていた。

煌々と光る区切りの悪い看板の下には当然のことながら、それらしき建物があった。驚いたことにピンクサロンらしき店舗が隣接している。一瞬、「これでは『ぽつん風俗』として成立しないのでは？」と思ったが、すでに述べたようにピンクサロンは分類上、飲食店扱いされることが多い（だから、シャワーがないのだ）。それゆえに、ここは一つ、その存在を無視して『N』を『ぽつん風俗』として制定することにした。

入店することに多少の躊躇はあったものの、意を決して暖簾をくぐった。

玄関を上がると右手に受付があり、左手がそのまま待合場所になっていた。

まず、受付で入浴料金の小6枚を払った。残りのサービス料金は嬢に直接支払うとのことだ。驚いたことに受付にも泡姫のパネル写真はない。源氏名が書かれたプレートが壁に無造作に掛けられているだけだ。常連客なら札の名前でわかるだろうが、一見客ではわかるはずもない。仕方なく、仕切りのない受付の前の待合場所で順番を呼ばれるのを待った。

この待っている間で一つ、気になっていたことをチェックしなくてはならなかった。某口コミサイトに「待っている間、氷水しか出されなかった」という投稿があった。ソープランドは風俗の王様と呼ばれているので、ある意味、至れり尽くせりなところがある。たとえば、待っている間のドリンクは店側がいくつかのメニューを用意していることが多い。それが氷水で済まされたというのである。正直なところ、筆者はネタだろうと思っていたが……。

イスに座って待っていると男性スタッフがお盆に安そうなプラスチックのコップを載せて運んできた。受け取ると中には液体と氷が入っている。

ちなみに訪れたのは12月初旬である。まさか⁉　恐る恐る口をつけてみる……ほんの少しだけ味がある。お茶なのだろうけど、薄すぎて緑茶なのかほうじ茶なのか麦茶なのかわからない……。たしかに人によっては単なる氷水と判断するだろう。飲み物の味の薄さに反比例して不安が濃くなったのは言うまでもない。

●鬼が出るか、蛇が出るか

ほどなくしてスタッフに案内された。ドアの向こうで泡姫が待っているという。某外国製の人形玩具と同じ名前の彼女は、若者の街とはかけ離れた年齢と思われる淑女であった。顔をジックリ見ると、目尻にシワが……。女優の園まりさんの若い頃に似ていて美人ではあるが、指名パネルがあったら選ばないタイプだ。ようするに、筆者の好みのタイプではないが仕方ない。彼女の後について階段で3階の部屋まで上がる。

一応、東京のソープランドだからだろう。ベッドが置いてあるスペースの一段下がったところが洗い場になっていてバスタブも置いてある。しかし、これが家庭用のものと同じタイプで、実に小さい。これでは2人で入れない。潜望鏡などのお風呂テクニックが堪能できないではないか！　さらにマットもないということは、その上でのお楽しみもないということだ。まぁ、60分の総額で大1枚小7枚という金額を考えれば妥当なところなのかもしれないが。

マットやバスタブでのプレイはなかったものの、ボディ洗いはあった。小ぶりながらも形の良いバストを密着させての泡踊りはなかなかだったが、やはりモノ足りなさは否めないままベッドへ。見た目通り熟女ならではの老獪なテクニックで、ただ仰向けで寝ているだけで気持ち良くしてくれる。キスをさせないところに、昔気質の泡姫という感じがして嫌いではない。そのまま流れるように舌先の奉仕があって、見事なリードっぷりに気がつけば……という感じで発射してしまった。まさに流れるような手際の良さ……という言い訳をしつつ、思ったよりも早めの発射だったので、かなり時間が残っているという。

正直なところ2回戦をする自信はなかったが、回復するのを待ちつつ、泡姫と話をした。なんでも、この『N』はもともとファッションヘルスだったとか。それを十数年前に『N』の運営会社が買い取り、ソープランドに鞍替えしたのだという。ここぞとばかりに公式サイトに在籍女性の写真がなく不安であることを伝えた。すると、彼女はこう言った。

「お客様の気持ちはお店としてもわかるんだけど、なんでも、このエリアの条例で写真の掲載がNGみたい」

どうやら武蔵野市の条例で風俗店で女性の写真を一切公開してはならぬ、というお達しがあるのだという。なるほど～と思いつつ、筆者はその場は納得した。しかし、後に気になったのでイロイロ調べたところ、それでは説明できない点があることに気がついた。

吉祥寺駅を挟んで『N』とは反対側のエリアに、ファッションヘルスがあるのだが、その店の公式サイトにはシッカリと女のコの写真が掲載されているのである。ついでに吉祥寺発のデリバリーヘルスのホームページを見ても在籍キャストの写真はバッチリと掲載されているではないか。それなのに、なぜ『N』だけが……？

若者が住みたいと思う街・吉祥寺に一軒だけあるソープランドは、筆者に大いなる疑問を抱かせる『ぽつん風俗』であった。

【東京都江戸川区小岩】

下町の飲み屋街で見つけた5つ星の極上ぽつん

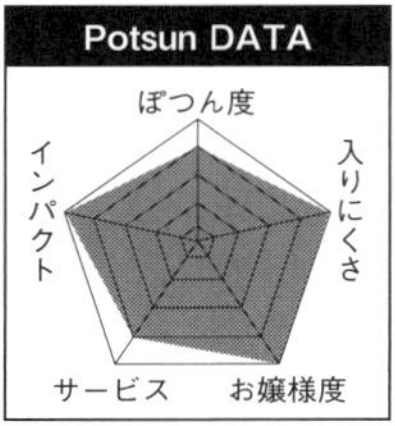

フリーランスということで昼間から呑んでしまうことがある。2016年の年の瀬が迫っていたある日も忘年会と称し、錦糸町の居酒屋で昼から呑み始め、夕方には、かなり酔い、帰宅しようと総武線に乗ったところ、小岩という駅で尿意が……。

ひとまず駅のトイレで用をたす。膀胱がスッキリしたら酔いが覚めてきた。コチラはフリーランスの身だ。時間はある。そこで、さらなる酔い覚ましとして小岩駅界隈を歩くことにした。まぁ、酔いが覚めたので呑み改めようと思っただけであり、1人でも入りやすい飲み屋を探してアテもなく歩き始めたのである。

●偶然のいたずら、ぽつんとの出会い

あくまでも目的は呑みである。風俗ではなかった。小岩エリアにデリバリーヘルスが何軒かあることは知っていた。しかし、隣の錦糸町に比べてしまうと規模は大きくないし、行きたい店もなかった。

だから呑みだ……と、南口方面を散策したところ、イイ感じの居酒屋やバーが多くて嬉しくなった。一軒に絞るのは難しいほどだ。結局、いくつかの店を比べるために寒空の下を歩いていたら完全に酔いが覚めてしまった。

いよいよどこかに入って体を温めなければ……そう思いつつ、丁度良さそうな店を探していると、両サイドを飲食店にはさまれた雑居ビルの入口に『ヘルス』と書かれた看板が、ぽつんと置かれているのが目に留まった。建物の並びからすると「健康系の店？」、つまり、マッサージや鍼灸院かと思わせる佇まいだが、近づいて確認するとやはり風俗店だった。立地的にも看板の置き方もぽつんという、『ぽつん風俗』の王道ではないか！

偶然ではあるが目の前に『ぽつん風俗』が現れたのだ。酔いも覚めたことであるし、愛好家としては、やはり素通りすることはできない。

ということで、筆者のひとり二次会は、この『O』（仮称）という『ぽつん風俗』に決まった。勇んで店舗のある雑居ビルの2階へと歩を進める筆者。突然の出会いに興奮しているのか、階

やや遠景から撮影した『O』。横に長い雑居ビルの1階に入っている。

段を上がるたびに胸が高鳴り、呼吸が荒くなる。階段を上がり切った頃にはゼェゼェと肩で呼吸をする状態。たぶん太り過ぎなだけなんだろうと思う。

●お高級な雰囲気にビビりまくる

呼吸を整えてドアを開けた。その瞬間、「あ、ヤバイかも……」と思った。それは、入口が見るからに豪華な内装だったからだ。吉原の高級ソープランドを思わせるような品の良いレイアウトで、入口というよりはエントランスといった雰囲気。置かれているインテリアなどにセンスを感じさせる。

多少残っていた酔いの勢いで入ってしまった手前、システムや料金はノーチェックだ。もしかしたら大5枚の世界ではないか……そんな考えが頭をよぎった。礼儀正しいホテルのフロントマンのようなスタッフから靴を脱ぐように促された。靴を脱いだら、もう後戻りはできない。覚悟を決めて一段上のフロアに上がった。そこに用意されていたシステムは……。

「コースは40分からございまして、この時間帯ですと1万3000円からのご案内となります」

スタッフにそのように説明を受けた。いわゆる普通の値段である。しかし、男というのは見栄っ張りな生き物である。店舗型風俗店の場合、スタッフと対面していると、一番安いコースを選ぶことが恥ずかしく思えてしまう。そこで筆者は真ん中の75分で2万3000円のコースを選んだ。

準備が整うまでしばしの時間を要するということで待合室に通される。と、ここでも驚いた。こちらも豪華な雰囲気だったからだ。ヘルスの待ち合い室といった感じは一切なく、バーのウェイティングルームといった感じだ。このような雰囲気に慣れていない筆者は、またしても、「ソープのサービス料金のように、今度は部屋で追加料金を提示されるのではないか？」とビクビクしてしまった。先に書くと、もちろんそんなことはなかったが、とにかくきらびやかで筆者のような小心庶民は驚きの連発だ。

このドキドキと驚きは順番が回ってきてからも、まだまだ続く。

近距離から『O』を撮影。写真中央、「40分12000円」と書かれた店がそうだ。

プレイルームの入口に案内され、ドアを開けると、清楚な感じのお嬢様タイプのKちゃんが立っていた。ドアの向こうには廊下が奥へと延びている。お出迎えといい、廊下の雰囲気といい、やはり、高級ソープっぽさをかもし出しているので驚いた。

「よろしくお願いします」

20歳のKちゃんが微笑みながら、腕を絡めてきた。エスコートされながら廊下を歩く。時おり、視線が合うとキスをしてくれる。わずか1分にも満たないランデブー、この時が永遠に続けば……と思ってしまうほどの一目惚れ状態だ。

プレイルームに入って、さらに驚いた。風俗店のそれっぽくないからだ。ベッドサイドには幅に沿って横長の鏡が設置されていることが風俗店らしくはある。しかし、品の良いインテリアがディスプレイされていて、アロマまで焚かれており、まるで良家のお嬢様の部屋に招待された感じだ。それほどプライベート感が漂っていたし、プレイルームというよりは〝女のコの部屋〟そのものだったのだ。

●大当たり！　清楚なギャルの痴態に大興奮

まずはベッドサイドに腰かけてお話をするが、これがまた緊張を強いられるのは、風俗店に来たという意識が薄いからだろうか。いざ、親子ほど年齢が離れた女のコと面と向かってしまうと、何を話していいのかわからなくなった。

そんな中で唯一、「ここは風俗店なのだ」と思えたのは、シャワーが部屋の外にあったことだ。そのため、利用状況を確認するためにKちゃんがフロントに確認の電話を入れていた。

「あと5分待ってくださいね！」

微笑みながら近寄ってきた彼女はまたキスをしてくれる。お楽しみはこれからとばかりに軽いキスだったが、逆にそれがプライベートっぽくてドキドキしてしまう。黒のレースのランジェリー姿になったKちゃんが、「脱がしてくださる？」とベッドサイドに手をついて背中を見せた。ブラのホックを外すアシストだ。加えて形の良い大きなヒップを突き出して、パンティまで脱がしてほしいとおねだりされた。

するど、ベッドの向こうにあった鏡にKちゃんの裸体が映った。身体は目の前にあるが、直接見るよりも、鏡越しのほうがエロく感じてしまうのはなぜだろう。ここでお互いに身体にバスタオルを巻いて廊下を歩く。このスタイルだと心もとなくて、なんだかドキドキする。

シャワールームというか、シャワーブースと言ったほうが的確な狭さの空間に2人で入ると、当然、密着度は高くなる。先ほどの下着アシスト同様に、背中を向けると「洗ってくださる?」と大人びた口調で言った。そして、筆者の手を泡だらけにしてアソコに導き、「ココも洗って～」と、今度は甘えるように言ってきた。この時点で完全に20歳の女のコにペースを握られた格好だ。

●小岩の『O』は正真正銘の名店だった

「そんなに緊張しないでくださいね（笑）」

部屋の中でキョロキョロしてしまった筆者の態度がKちゃんにはウケたようだ。そんな中でプレイが始まった。この店はマッサージとヘルスサービスを融合させたものであり、まずは、うつ伏せにさせられて、背中や足のマッサージから始まった。スグにDカップのバストを背中にくっつけて来て、背後から耳に息を吹きかけたり、指で乳首を弄んできたKちゃん。その様子が鏡越しに映るので表情は丸わかりで、すさまじいエロスを感じる。

「わたし、基本的にエッチが好きなんですよね〜」

と、いうことで、そこからはヘルスサービスが主流になっていく。途中、攻守交代をして四つん這いになった彼女は、またもや自分の顔が鏡に映るようなポジションで尻を突き出して、バイブで責めてほしいと懇願してきた。当然のことながら、悶える顔が鏡にバッチリ映るし、あえてそれを見せつけるようにしているのがわかる。なんて、エッチな20歳なのだろう……。

フィニッシュのフェラも鏡の横で行い、あえて「鏡を見て」とKちゃんは、鏡越しに視線を合わせるように言ってきた。なんでも、直接、見つめ合うと恥ずかしくて、この方が大胆になれるそうだ。そのままフェラで発射したが、イク瞬間に自分の腰が浮きあがったことが確認できたりと、絶妙に恥ずかしさを感じさせられた。

町の中にぽつんと看板が置かれていた佇まいから、店の雰囲気、女性の色気と接客マナー、そしてサービス内容と、すべてにおいて満足度はパーフェクトだった、この『O』。

『ぽつん風俗』というと、そのネーミングやシチュエーションゆえに、どことなくユーモラスで、いわゆる「ハズす」印象があると思う。しかし、本項で訪れた『O』のように、風俗店としても最高峰といえるほどの名店に出会えることもある。このような店と出会えるのだから、やはり〝ぽつん風俗巡り〟はやめられない。

【埼玉県草加市】
どこから見ても喫茶店　驚異の都市迷彩ぽつんソープ

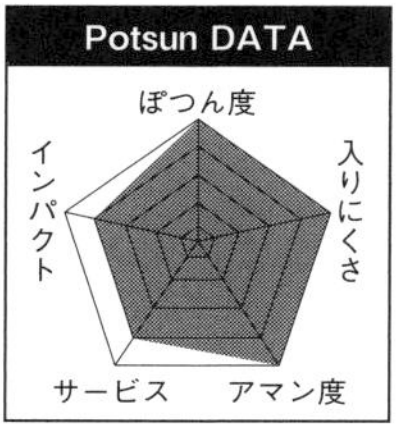

埼玉県在住の筆者であるが、その広さゆえに県内にも訪れたことがないエリアはたくさんある。職業上、基本的に風俗が盛んなエリアにしか足を運ばないので、今回、訪れた草加も筆者の在住するエリアの近隣であるが久々に訪れた地である。

●風俗のメッカだった草加

〝久々〟に訪れたというと、過去に仕事がらみで通ったことがあるのか、と思う方もいらっしゃるかもしれない。ご明察。実はいまからさかのぼること20年くらい前、２０００年前後の草加には何軒かの店舗型風俗店があり、取材やプライベートで頻繁にお世話になっていたのだ。

当時の草加の風俗店には『ＳＫ流』と呼ばれる独特なサービスがあった。もちろん、『ＳＫ』とは草加の頭文字である。埼玉の風俗の聖地であり、性地でもある西川口のＮＫ流にあやかって付けられた名称だ。ちなみにＮＫ流とは、ファッションヘルスなのに〝暗黙の了解〟として過激なサービスがあることを指す。もちろん、『ＳＫ流』も然り……。

しかし、時代の流れで、そのような未許可店は淘汰されていき、筆者自身も足を運ぶ機会が少なくなっていった。今では隣の越谷市を拠点とするデリヘルの取材を行うことはあるが、草加はデリヘルが少ないのか、取材をする機会がないので足が遠のいていた次第である。

２０１６年のある日のこと。筆者は久々に草加の地に降り立った。目的は地元の友人との飲み会であるが、前の仕事が早めに終わったために予定よりも2時間も早く到着してしまった。そこで時間つぶしに周囲を散策することにした。

草加駅周辺を歩いてみる。ここ十数年でだいぶ変わったのだろう。初めて見る店も多い。ならばと艶っぽい店を探したが、数軒のキャバクラとピンサロと思われる店がある程度だ。以前は雑居ビルなどにＳＫ流風俗店が入っていたことを考えると、随分と浄化されたものである。

ちなみに草加といえば名物の草加煎餅を思い浮かべる方が多いことだろう。駅前には女性の銅像がある。彼女の名前は、おせん。草加で団子屋（餅菓子屋）を営んでいたという。ある日、団子が残り、それを平らに潰して焼いたところ、評判になった。それが、「おせんの焼いた餅」

ということで、『おせんべい』になったらしい（諸説あります）。なるほど……いいことを知った。いつか風俗嬢との会話で使えるかもしれない。そんなことを考えながら街を歩いていたら、そのチャンスが唐突に訪れた。そう、『ぽつん風俗』に遭遇したのだ。

●懐かしい喫茶店のような外観

それは飲み会の店の場所をチェックしておこうと目的地へ向かっていた時のこと。道沿いに大手のチェーン系居酒屋があった。「飲み会の前にひとりで軽く呑んで肝臓を温めておくか……」という想いが頭の中をよぎる。そして、フと隣を見るとアマンドピンクの喫茶店然とした建物があった。

「やはり酒の飲み過ぎはよくないよな……コーヒーにしておくか」

そう思い、アマンドピンクの店に近付くと、そこには『ソープランド』と書かれていた。左隣は前述の居酒屋。右隣は……民家である。そして、目の前の街道

草加の名所（？）「おせん像」

を車がビュンビュン行き交う……このソープランド『P』（仮称）は、まさに絵に描いたような『ぽつん風俗』だ。もちろん、筆者は遊んでみることにしたが……改めて店の前に立つと、立地的に入りにくいことこの上ないことがわかる。なにしろドア前に仕切り的なものがないし、街道を車が行き交っていることはまだしも、自転車と歩行者が多いのだ。

ここはやはり、「今から喫茶店に入りますが何か？」といったテイでドアを開けるしかないのか。そう思えば、スンナリと入ってしまえそうな雰囲気がある。しかし、現実としては店前を行き交う人、人、人……。筆者のプチ地元であるので、「もしも、その中に知り合いがいたらどうしよう？」という不安が募る。「まぁ、その時は〝エスプレッソの泡かと思ったら、石鹸の泡だった〟とでも言うか？」と、くだらないことを考えながらドアを開けた。

入口（受付）で瞬間的に思ったのは、「たぶんコンパクトな造りなのだろうな」ということである。料金はたしか60分で大2枚でお釣りが来たと思う。本稿を書くにあたって改めて調べたところ時間変動価格制であり、オープン時間と最終案内の時間では、なんと8000円の差があるではないか。利用時間によって料金が異なる風俗店は珍しくはないが、大抵が午前中、午後から夕方にかけて、夜の3ブロックで、それぞれ1000円差程度だろう。それが、この価格であるので驚いた。筆者はギリギリ真ん中の値段での案内だったようだ。

受付で指名用のパネル写真を見せてもらう。けっこう若いギャル系の泡姫が多い。しかも、

左から２番目の建物が問題の物件。古い喫茶店のような店構えに戸惑う。

嬢を泡姫やキャストではなく、〝アイドル〟と呼んでいる。入店前に軽く口コミなどをチェックしたところ、年増が多いという評価が多かった。しかし、パネルの中の女性はギャル雑誌に出てくるようなタイプばかりであった。これならば1時間で約大2枚という価格も高くないかもしれない。そう思った筆者であるが……。

●狭い個室で楽しむ密着プレイ

4、5人も入れば窮屈さを感じる待合室は、いろいろな意味で歴史を感じさせられた。待たされることしばらくして、待合室に隣接している廊下を仕切るカーテンが開いて〝アイドル〟とご対面と相成った。お相手の嬢はパネルには22歳と表示されていたが、目尻などを見ると……まぁ、暗い廊下と部屋で良かったね、みたいな感じである。

しかし、それでも美人であるので、不満は一切なしだ。

個室は思った以上に狭かった。まず、マットを設置することを望めない浴室であることは一目瞭然。ここでもソープランドの醍醐味の一つであるマットでのサービスはなしである。ただし、狭いからこその利点がある。それは密着感だ。彼女も「私、イチャイチャするのが大好きなの！」ということで、挨拶からして身体を密着させてきたし、脱衣の時も股間をイジってくるほどだ。だから、マットサービスはなかったものの、身体を密着させてのボディ洗いは絶品だった。ただし、バスタブは小さく「一緒に入れなくてごめんね！」と嬢が謝るほどである。そして、客が温まっている間に嬢が自分の身体を洗うというコトが同店の流れらしい。思えば、在室中に彼女の手が筆者に触れていなかったのは、この時だけである。

身体を拭かれると、そのままベッドへ。すべてをコンパクトに設えているのだろう。ベッドも狭いし、部屋の入口も、さして背が高くない筆者ですら頭をぶつけそうになったほどである。そんな筆者の気持ちを知ってか、彼女は「隣の部屋の声も聞こえてきそうでしょ？　でも、安心して。今、このお店、お客様は1人だけだから」と、やや自虐的なことを言いだした。もちろん、それは筆者が利用した時間帯が大いに関係ある。時刻はいま17時過ぎ。まだ陽が高いうちにソープで遊ぶだなんて、自分自身で〝大した御身分〟だと思ってしまうものだ。

テクニックも申し分がなく、価格的には納得のいくものがあり、満足を得るには十分であっ

『P』を別角度から。道路に面しており、目隠しもない。なかなかの入りにくさだ。

た。これが、もしもオープニング時間帯で大1枚小3枚という価格であれば、かなりお得だと感じるのではないか？　激安ながら名店……と書いたが、筆者自身は大2枚近くの価格の時間帯だったので、「アリかといえばアリ……」という評価に落ち着いた。

●本当の試練は出るときにあった…

この価格について、いろいろ感じたのはサービスが終わって店を出ようとした時のこと。スタッフに見送られてドアを開けると、そこには店前を行き交う仕事帰りと思われるスーツ姿の紳士や、夕飯の買い物帰りの主婦と思われる人、人、人……。けっこう人通りの多い道にぽつんと建てられた風俗店は、入るときよりも出てくるときのほうが勇気がいると再確認した。もしかして、明るい午前中が一番入りにくいうえに出にくいので、そのお詫び的な措置として安価に設定されているのではないか？　逆に周囲が暗くなってからの入店・退店なら恥ずかしさはないだろう。もしかしたら、価格の設定は恥ずかしさへの対価なのではないか？　まだ夕方の日差しが残る時間帯にドアを開けて、そんなことを思った。

それでも、「喫茶店から出てきたんだけど、何か？」という表情で店を後にした筆者である。改めて振り返ると、建物のアマンドピンクがより濃く感じたのは気のせいだろうか。あ、そうそう、駅前で得た草加せんべいの由来について嬢に話すことはスッカリ忘れていました……。

【第四章】難攻不落のぽつん風俗

【東京都葛飾区金町】
入りにくさは日本有数!?
下町の商店街ソープ

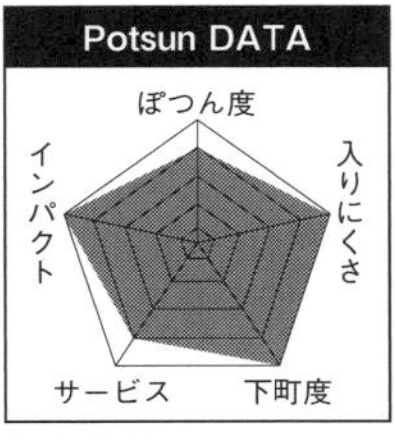

先日、十数年ぶりに東京都葛飾区の金町《かなまち》に降り立った。金町駅は常磐線（各駅停車）において東京の一番端に位置し、近くの江戸川を越えると千葉県になる、いわば境目の町だ。

以前の駅前は下町風情溢れる雰囲気が漂っていたが、現在は立派な高層マンションが建ちそびえ、昔の面影は薄い。そして、ＪＲ金町駅に隣接する京成金町駅から柴又へ行くことができるとあって、外国人観光客の姿もチラホラ見える。以前にはなかった光景だ。

●斬新だった『Q』の広告戦略

筆者が、この駅に降り立った理由は、もちろん、『ぽつん風俗』があるからだ。その店は『Q』

（仮称）というソープランドでおそらく30年以上の歴史があると思われる。と、いうのも、筆者は高校生の頃にプロレスの結果が目当てで買っていたスポーツ新聞のアダルト面に、『Q』の広告が掲載されていたことを覚えているからだ。

なぜ、覚えているのかといえば、『Q』の広告が異彩を放っていたからである。風俗店の広告というものは、スペースの大きさにもよるが、通常、看板娘の1人や2人を掲載するものだ。高校生だった筆者は、もちろん、行ったことはなかったが、風俗店の存在は知っていたし、「こんなに可愛い女のコと……」と思うと、ドキドキした目で広告を眺めていた。時には〝おかず〟にもしてしまった。今、思えば数センチ四方の不鮮明な写真で、よくもイクことができたものだと、ある意味で感心する（笑）。

そのような広告が並ぶ中、『Q』は店のロゴだけをド～ンという感じでレイアウトしたものだったのだ。女っ気皆無！　しかし、それがかえって印象に残っていたのだ。

店の公式サイトの案内を頼りに『Q』を目指す。駅から少し離れると、昔ながらの雰囲気を持った商店街に突入した。夕方の4時頃だったので、夕飯の支度をする主婦が行き交っている。その商店街をタバコ屋さん、靴屋さん、食堂……と数えていくと、いきなり、スナックのような派手な外観の建物が現れた。これこそが『Q』だ。

この物件は商店街の中にぽつんと存在する風俗店であり、いわば『商店街ソープ』ともいえる存在だ。しかも、自然な感じで並んでいるので、おそらく、これまでにスナックやパブと間違えて入店してしまった人もいるだろう（たぶん）。矛盾した表現になるが、風俗店としてはぽつんとしているものの、店としては周囲に馴染んでいるのだ。これは商店街ソープだからこそ成しえることだろう。

●丸出しの状況に二の足を踏む

しかし、困ったぞ……店を間近にして立ち尽くす筆者。『ぽつん風俗』の多くがぽつんと建っているために、入口が道路から目立つうえに丸見えということが多い。そのため、入口前に目隠しになるような植え込みやパーティションがあるところがほとんどだが、『Q』にはないのだ。むき出しの野ざらしというか、とにかく、丸見えだ。

前述のように商店街で主婦が行き交っているのだ。風俗ライターとして、このようなことを気にするのはいかがなものかと思うが、気になるものは気になる。と、いうことで一時休戦。夜になったら再び……と思い、一度、その場を去った。

しばらく近所の居酒屋で飲み、暗くなるのを待つ。ホロ酔いになり、いい気分で『Q』へ向かう。すると……今度はカラフルなネオンが輝いていて、目立つことこのうえなく、またもや入口の前で思わず立ち尽くす筆者であった。戸惑っていると、中年会社員風の酔っぱらいに

金町の下町情緒あふれた商店街を進んでいくと…

「アニキ、これからソープか？　いい御身分だな！」と絡まれてしまった。

ここは素早く入るしかないだろう。そう思い、入口を開けると……店内の光が外に漏れた。これは目立つ。例えると、ＳＦ映画でＵＦＯが降りたって、中から宇宙人が出てくるシーンって、大抵が後方から強烈な光が差し込むが、あのシーンそのものだ。筆者の頭の中には自然と『ツァラトゥストラはこう語った』が流れた。

思わず怖じ気づいた筆者は、後ずさりして悪の帝国からやってきた宇宙人の如く逃げ出した。ここまで入りにくい『ぽつん風俗』は、なかなかあるまい。かなり手強いぞ、これは……。

結局、「オープン間もない朝の時間帯が一

番、入りやすいのでは？」という結論となり、後日、出直すことにしたのだった。

数日後、筆者は金町にいた。リベンジに選んだ時間は、平日のオープン間もない朝9時30分ごろの入店だ。この時間帯であれば、商店は開店前で人通りが少ないだろうと思ったからだ。実際、読み通りで、堂々と入ることができたのだった。

しかし、残念なことに、この時間帯に出勤している女性はひとりしかいなかった。しかも予約が入っており、次に出勤する女性が来るまで1時間強もあるという。ひとまず、料金（約大2枚、小5枚）を支払って待つことにした。待合室はやけにゴージャスで、プロフィール写真を眺めたり、マンガ雑誌を読んで時間を潰したりして、ようやく泡姫とのご対面となった。

いかにも普通の主婦といった感じのHさんで、35歳前後といったところだろうか。2階の個室に案内されて、軽くハグをしながら「今日はよろしくお願いします」と挨拶をされた。ぽつんソープの宿命なのか、ここもやはり部屋が狭い。おそらく5畳程度ではないか？　もちろん風呂場も狭く、案の定、マットサービスはなかった。ただ、マットなしは『ぽつん風俗』ではよくあることである。

ただ、マットサービスはなくても不満はなかった。スケベイスに座らされての洗体は丁寧であり、筆者の感じるポイントを探すようにジックリと洗ってきた。特に局部の洗い方が秀逸で手首にスナップを利かせているのか、それだけでフル勃起状態になってしまったほどだ。

突如現れる『Q』。これぞ商店街ソープ、入口の扉がむき出しで入りにくさ満点だ。

また、当然のことながら浴槽も小さく家庭用のものであるため、2人で入ると密着度が高くなる。なによりも、彼女の化粧っ気のない顔が所帯じみていて、リアルな主婦との逢瀬に思えてきた。

ベッドでのサービスはオーソドックス過ぎるものだった。ただ、肌質や無駄毛が絶妙に年相応の手入れをしていない箇所があり、普通の主婦感がさらに高まる。なんとなく、出会い系サイトで出会って、勢いでベッドを共にしてしまったような気持ちになってしまい、それはそれで興奮してしまったのだが……。サービス的にはギリギリ及第点というところだろうか。それでも筆者はスッキリできて、満足感と共に店を後にした。

●突き刺さる視線が痛い

実は、この『Q』での個室のことは、あまり印象に残っていない。というのも、プレイ後に記憶が吹き飛ぶような強烈な体験をしたからだ。

約1時間待ってサービスが始まったのは午前10時40分頃のこと。そこから70分のサービスを受けて、店を出たのが昼の12時近くだ。

ドアを開けると……そこには昼時の商店街というあまりに残酷な現実があった。界隈の飲食店でランチでも食べようと道を行き交う会社勤め風の人々が、かなりいた。筆者の背後からは「ありがとうございましたー！　またのお越しを！」という声が聞こえてきたが、道を行き交う人にも、その声は届く。その結果、扉の向こうに視線を向ける人が少なくない。もちろん、その前には筆者が立っているワケで……。

「オマエ、昼間から何をしてるんだよ……」

もちろん、直接言われたものではないが、道を行き交う人々の心の声が聞こえた気がした。そして、横目で蔑《さげす》んだ視線を送られているように思えてならない。店に入るときも度胸が必要だったが、店を出るときに、このような事態があるとは思っていなかった。つまり、無防備状態だったので精神的にけっこうな破壊力があった。

『ぽつん風俗』は入店よりも退店する時間が重要。そう強く認識したぽつん体験になった。

【東京都港区新橋】

入りやすいけど入りにくい禅問答のようなぽつんヘルス

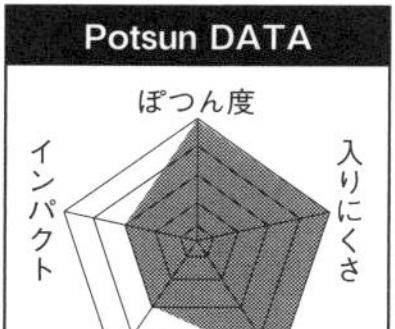

現在の東京都内及び近郊エリアには店舗型風俗店が少ない。なぜ、デリヘルなどの派遣型風俗店が主流なのかは本書で何度も触れた通り、２０００年代初頭に石原都知事が実施した浄化作戦の結果である。これによって風俗遊びの面白味が半減したのは明白だが、思わぬ副産物をもたらした。

それは「デリヘルは呼んで遊ぶから人目を気にしなくて済む」ということである。つまり、それまでは風俗店で遊ぶことを躊躇していた人々を顧客に取り込むことに成功したのである。

たしかに店舗型風俗店の場合は、その建物に入るという時点で第三者の目には風俗で遊ぶ客として映る。そのことに抵抗があるのだ。もちろん、その意見は至極真っ当であるし、現在、残っている店舗型風俗店にとっても課題だろう。とくに『ぽつん風俗』にとっては……。

なぜならば、風俗街にある店舗型風俗店であれば、界隈を歩いている人の多くも風俗ユーザーの可能性が高く、いわば仲間である。それゆえに店舗型風俗店でも入店しやすい。しかし、『ぽつん風俗』はその逆である。周りにいるのは敵ばかりだ。

どのような業種の店舗でも入りやすいか否かで、業績に関わってくることは間違いない。そんなことを考えつつ、「それでは『ぽつん風俗』では、どこの店が最も入店しやすいのか？」。そして、「どこの店が最も入店しにくいのか？」と考えてみた。

アレコレとこれまでの自分の経験を振り返り、導き出された「どこよりも入りやすい」という『ぽつん風俗』は、「どこよりも入りにくい」という禅問答のような表裏一体な物件であった。

●通称〝おやじビル〟の中で広がる異界

エリアは古き良きビジネス街のイメージがある新橋だ。夜になると仕事帰りの会社員で賑わう、どちらかといえば〝呑み〟という印象が強いのでは？　しかし、数軒のファッションヘルスやピンクサロン、そして、最近ではレンタルルームが続々とオープンして、そこを利用する派遣型風俗店も増えている。つまり、それなりに〝艶〟もある街なのだ。

しかし、今回の物件は繁華街にあるわけではない。だからといって駅から離れた場所にある

どこよりも入りにくいぽつん風俗がある、新橋駅前の雑居ビル

わけでもない。むしろ目の前にある。つまり、駅前の商業ビルの中に存在するのだ。そのビルはいつも賑わっており、出入口を通る人数は尋常ではない。文字通り不特定多数の人が利用するので、風俗目的で入ったとしても「アンタ、風俗で遊ぶんだろ？」という目で見られなくて済むのだ。

商店、飲食店、遊戯施設、医院、オフィス、住居などが入っているこのビルは、それぞれの階に特徴がある。まず地下1階は飲食店が中心に。1階から4階までは商店や飲食店など。5階から階上はオフィスや住居になっているというが、どことなく猥雑な感じがしないでもない。

このビルが建てられたのは1971年春であるが、元はといえば戦後の闇市が発展したものだという。それゆえの雑多感なのだろう。そこから一部では、かつて香港にあったビル型巨大スラムにたとえて、〝新橋の九龍城〟と呼ぶとか。また、テナントが中年男性が喜ぶような趣の店が多いことから〝おやじビル〟の愛称もあるようだ。

その雰囲気が色濃く出ているのが2階である。アダルト系のＤＶＤやグッズを扱う店が点在しており、新橋であるのに中国語をはじめとするアジアの言葉と「オニーサン、イカガデスカ?」という片言の日本語が飛び交うのだ。ちなみにこの声の主はマッサージ店の呼び込みのお姉さんたちである。そう、2階フロアの多くをマッサージ店が占めているのだ。

マッサージ嬢の呼び込みを無視してある一角を目指す。そこに本項の主役であるファッションヘルス『Ｒ』(仮称)がある。筆者が十数年ほど前から時折、利用している店でもある。今回、本書のために約7年ぶりに訪れてみた。

●衆人環視の中でご入店

さて、本項の冒頭で「どこよりも入りやすい」としたのは、店が雑居ビルの中にあるからだ。店の前までは恥ずかしさを感じることなく、踏み込むことができる。しかし、『Ｒ』の店舗の入口は、マッサージ店がズラリと立ち並ぶ廊下に面している。そのため、入るところが周辺のマッサージ店のお姉さん方に丸見えとなる。これが「どこよりも入りにくい」理由だ。

２階の様子。御覧のようにズラリとマッサージ店（健全）が軒を連ねる。

もちろん、お姉さん方も『R』がどのような店であるかは知っているので、時には「ソノマエニ、マッサージ、イカガデスカ?」、「アソコガゲンキニナリマス!」などと声をかけてくる。これはかなり恥ずかしい。それゆえに〝どこよりも入りやすく入りにくいぽつん風俗〟とした次第だ。

もっともそれで怯む筆者ではない。お姉さん方の視線を背中に浴びながら、心を無にして『R』に入店する。

久々に受付で料金を支払う。コースは40分と60分の2種類で時間帯によって価格が変わる。いずれにしても40分コースは大1枚以内で遊べるので、界隈で働くサラリーマンにはありがたい価格設定なのでは?

案内された部屋は1・5畳程度だろうか。正直なところ、ここまで狭かったかと思ったが、このテの店ではよく見る、ベッドが部屋のほとんどを占拠している状態だ。とにかく、ベッドだけ。そのような感じなのである。まるで界隈にあるレンタルルームを使っているような……そんな感じを覚えた。しかし、清潔感はあるので快適は快適であるし、何よりもキャストさんとの密着感を期待できるので、そう悪いことばかりではない。

しかし、筆者がこの店で個人的に好みではないことがある。それはシャワーだ。部屋数はわからないがシャワーは一つしかないようで、部屋で脱ぐ→シャワーブースという流れで、タオルを腰に巻いて廊下を歩かされるのだ。まぁ、広くない店なので十数歩という感じであるが……。そして、このシャワーが狭いのである。余計な動きはできないので、イチャイチャすることもなく、事務的に終了して再び個室へ。もう少しイロイロな意味で余裕があれば密着感とか楽しめたかも……というところである。

久々の『R』のプレイであるが、お相手の女のコがイロイロな意味でプロであった。公式サイトでは「20代多数在籍」を謳っているが、ギリギリ20代表記であり、実際は……みたいな。部屋が暗かったので最初はわからなかったが、多少明るいシャワーブースで「あぁ……」という微妙な雰囲気になるというね。

しかし、その分、テクニックはなかなかのものであり、時間の配分を計算したうえでサービスしてくれる。まったりイチャイチャした恋人気分のようなものはないが、テキパキしていて

『R』があるのは２階の一角。マッサージ嬢の視線を浴びつつ入店するのは勇気がいる。

心地よい。ある意味で〝ヌキに来た感〟を満たしてくれるので、「風俗で遊びました！」という満足感は大きい。創業30年以上ということで老舗であり、名店だといえる。

●フロアに響く〝オツカレサマデシタ〟の声

ところで、この『R』では最後の最後に思わぬことが待っている。それは当然のことなのだが、店に面した廊下は不特定多数の人が行き交っているのだ。そして、〝おやじビル〟と呼ばれているビルでも同じフロアにはいくつかの飲食店がテナントとして入っているので、そこを利用する妙齢の女性が通るのだ。その結果、筆者が店を出て、偶然通りかかった女性と目が合った瞬間の気まずさといったら……。もちろん、先方は何も思っていないことだろうし、そこがファッションヘルスであると知る由もないだろう。しかし、被害妄想になってしまうが、もしも女性がその存在を知っていたら、明らかに「何をしてるの、このオッサンは！」と思われることだろう。そう考えると、店に入ることよりも出た時の方が恥ずかしいかもしれない。

また、筆者が『R』から出たことを確認した周辺のマッサージ店のお姉さん方から「オツカレサマデシタ！」、「ツギ、マッサージ、ドウデスカ？」などと声をかけられるのも、ある意味で羞恥プレイのようである。そのやり取りも楽しめるようになったら『ぽつん風俗』の上級者ともいえなくもないが……。

ちなみに、これらのマッサージ店であるが、当然のことながらいたって普通の健全なマッサージ店である。しかしながら、風俗店があることや、いかがわしいサービスがあるアジアンエステと呼ばれるマッサージ系の風俗店が流行ったこともあり、同様に見られることが多くて困っているそうだ。その点で客と揉めて問題になることもあるとか。もちろん、すべてがすべて本音であるとは限らない。建前もあるだろう。しかし、そのような噂を探って試すよりも、正規の風俗店である『R』を利用したほうが気持ち的にもスッキリすると思うのだが……。

【東京都港区六本木】

お洒落なオトナの街にある高級ぽつんヘルスに突入

もちろん風俗を卑下するわけではないけれど、やはり、風俗が似つかわしくないエリアというものはあると思う。あくまでも個人的な主観であるけれど、たとえば六本木だ。とくに六本木ヒルズが2003年に開業して以来、このエリアにはオシャレなもの以外はご遠慮願いたいという雰囲気が漂っているように思えるのは筆者だけか？

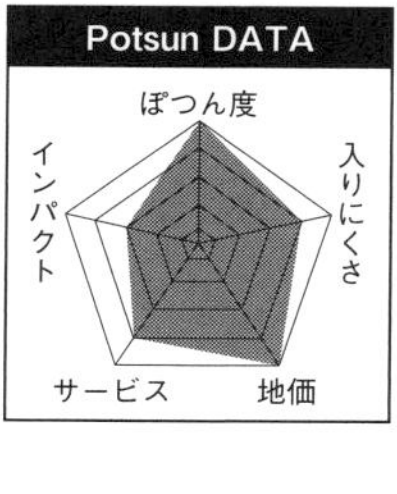

●六本木発デリヘルのトリック

実は昔から六本木発を謳うデリバリーヘルスは多いし、浄化作戦前には界隈のマンションの一室を利用した風俗店もあった。特徴としてはそのどれもが高級店に位置付けられたものであり、バブル臭が残る店が多かったように思える。

ちなみに現在でも六本木発のデリヘルは数多くある。しかし、中には近隣の五反田や新橋に拠点を置いている店も少なくない。つまり、高級店にしたいがためのトリックである。筆者は西東京に拠点を置きながら、六本木発というコンセプトで営業しているデリヘルを知っている。もちろん六本木界隈のホテルから呼ばれたら、それだけ時間は掛かる。そんな時は「ウチの女のコは忙しくて2時間後からのご案内になりますが？」という感じで乗り切るのだ。

●まさかの工事で入りにくさ倍増

そんな六本木に、かつてから「ぽつん！」と存在する店舗型風俗店がある。『S』（仮称）という30年以上も六本木で営業を続けている老舗中の老舗の箱ヘルだ。筆者は、その存在に関しては風俗ライターを始めた25年前から知っていた。しかし、取材したこともなければ、プライベートで訪れたこともない。それでも四半世紀に渡って気になっていたので……ここは一つ、本書を言い訳に潜入してみようじゃないか！　そう決意したが……。

事前に下調べすると、『S』は有名な坂道の途中にある。店自体は雑居ビルの中にあるようなので、おそらく入りやすさという点ではハードルは低いはずだ。しかし、そのビルの前の人通りによっては難易度が違ってくる。そこでまず人の往来について検討してみることにした。

『S』は六本木の非常に有名な坂道沿いにある

六本木といえば賑わうのは夜だろう。また、週末は昼間から観光客で賑わう可能性もある。そのシチュエーションで風俗店に入るには、少し抵抗がある。そこで導かれた入店しやすい時間帯は平日の昼間……午後イチであった。その時間帯ならば界隈のオフィスに勤務している人は昼休みが終わって社内に戻っているだろう的な読みである。

たしかに狙い通りであった。案の定、人の行き来は少ない。ただ、行き交う人々はどこか洗練されていて思わず気圧されてしまいそうになる。それでも、「よし！」と気合いを入れて店方面へ向かうと……なんということだろうか。『S』が入っている雑居ビルで看板工事を行っているではないか！　ハッキリ言って想定外である。しかも、けっこう大がかりなようで地上にいる者は頭上の作業櫓にいる者にアレコレと指示を出しているのだ。その横を通過してビルの中へ入るのは、けっこうな勇気を必要とする状況である。
そのため、何度かビルの前を往復してしまったが、意を決して無事に入ることができた。

●プレイ料金の高さは立地代⁉

店は3階にあり、そこにはいかにもベテランですという感じのスタッフが待っていた。「当店は50分で大2枚のみの明朗会計コースです」的なことを言っただけで、フロント横の小さなテーブルセットに座るように促された。どうやら待合室はないようだ。

指名料金は小1枚だが、「うちはどの女性も自信をもってオススメできます！」ということでフリーで入ることにした。しかし、念のためにと写真アルバムを見てみると……え？　なんと、顔の部分がほぼカットされているのだ。同店の公式サイトのプロフィール写真そのものだ。

このテの指名パネルは地方の風俗店で見ることができる。たとえば、四国某地方のソープランドやファッションヘルスでは顔バレ防止のためにモザイクをかけたうえにボカシを入れるという「なにもそこまで⁉」という状態になっている。だから、この店も、そういう事情なのだろう。そう言い聞かせた。

不安といえば不安である。しかし、六本木という一等地にありながら30年以上も営業してきたのだ。外すことはまずないだろう。もしかしたら、女のコはタレント事務所に在籍していて、

ブラリ訪れてみたらなんと工事の真っ最中。入店時、職人たちからの視線がツライ。

一切の顔出しができないのかもしれない……なんて都合の良いことを考えながら妄想を膨らませる。

待つこと5分で案内となった。狭く短い廊下を歩き、指定された部屋のドアを開ける。店のこじんまりした造りからある程度は覚悟していたが、その覚悟を上回るほど部屋が狭い。シャワーブースが付いているので、余計に窮屈さを感じてしまう。しかし、手入れが行き届いているので快適に使えそうだ。

ここでフと気になったことがある。それは「このプレイルーム、月極めの家賃に換算すると、いくらなのだろう?」と……。六本木の一等地に、たとえワンルームでも部屋を借りたら莫大な家賃になることは明白だ。そうした環境なので50分で大2枚という、やや高めの料金設定なのだろう。

そんなくだらないことを考えていたら、「どうかされました？」と、嬢が声をかけてきた。部屋自体が暗めだったので細部まで確認できなかったが、飛び抜けて美人というわけではない。しかし品の良さそうな顔で、実年齢はおそらく30代半ばといったところだろう。優しそうなお姉さんタイプで筆者好みである。「やはり、高級店で外すわけないよな」と安堵した次第である。

●高級店の実力のほどはいかに…

たぶん、多くの客から言われているのだろう。前もって「狭くてごめんなさいね」と言ってきた。たしかに服を脱がされる時も、身体の一部が壁に当たるのではないかと思ったほどだし、シャワーブースも1人で入った方がシッカリと洗えるのでは？　そう思わせるほどの窮屈さだ。『S』で気になったのはプレイ内容だ。50分で大2枚と、決して安くはない料金なので、それに見合ったものを見せてくれるのか？　それとも、料金の大半は部屋代だったというオチになるのか？　彼女のディープキスで、その賽はふられたが……。

重ね合った唇を外した彼女が言った。「お兄さん、責めるのと責められるの、どっちが好き？」と。「うちのお店、時間が少ないから、どちらかにしたほうがシッカリ楽しめると思うの」ということらしい。筆者は個人的に高級店では、そのテクニックを体感してみたいので、基本的に受け身に回ることにしている。その旨を伝えると「ＯＫ！　私、どっちも好きだから！」

とニッコリとして仰向けに寝るように促された。

サービスの内容自体は、いたってノーマルだった。キスから全身リップがあってフェラという流れだ。ただ、2人の身体と周辺の壁とのポジションに部屋の圧迫感があって、より密着感が増している気がする。そのため、エモーショナルに舐められると、彼女の肌が自分の身体に吸い付いて、溶け込むようであり、官能的に感じてしまった。そのままフェラで発射させられたが、時間的に2回戦は無理だろう。せっかくの「私、素股も得意なんだけど、がんばりますか？」というお誘いも泣く泣く断った。せめて、あと10分あったら……。

プレイを終えて、正直なところ、心のどこかで値段に対する違和感というか、モヤモヤしたものを抱いている自分がいた。やはり、六本木という立地条件たる料金設定なのだろうか。個人的にはリピートをするのは経済的に余裕がある時か、めちゃくちゃお気に入りの嬢が現れた時だろう。逆に何も気にせずに『S』のような高級店で遊ぶことができる男になってみたいものだが……。

店が入ったビルを出ると工事はまだ続いており、多くのビジネスマンが通りを行き交っていた。たぶん筆者はこの街では浮いた存在だ。何度も『S』に通える身分になる以前に、六本木という街に気圧されない、いや、馴染める男になりたいなどと思いながら、店から駅へと続く坂道を上ったのだった。

【東京都豊島区巣鴨】

老人の原宿のぽつんソープで輪廻転生を思う

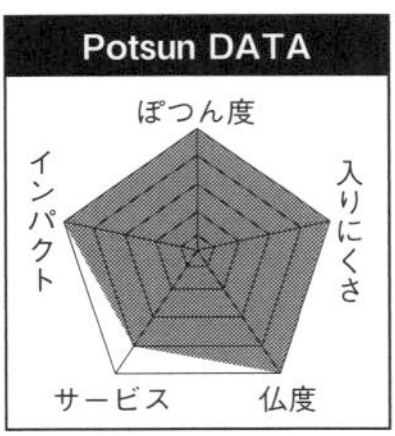

吉祥寺のソープランドの項で、『ぽつん風俗』を探すには若者が住んでみたいと思っている街をあたってみると良い……的なことを書いた。

それは、昨今、若い男性の風俗離れが著しいと言われていることに起因する。つまり、その街の中心になっている世代の興味がない物事は存在しにくいという原則があるからだ。これは相対したエリアにこそ『ぽつん風俗』があるということでもある。

そこでフと思い浮かんだのが若者に相対する存在である老人だ。自然の摂理として悲しいかな、オスという生き物は年齢を重ねるごとに股間が衰えていくものである。つまり、射精行為もままならなくなってくるので、老人が集まるエリアこそ『ぽつん風俗』を見つけることができるのではないか？　そう思った次第である。

●老人の原宿、巣鴨の『ぽつん風俗』とは？

老人が集うエリアとして真っ先に思い浮かぶのは東京都豊島区の巣鴨だ。とげぬき地蔵でおなじみであり、〝お年寄りの原宿〟の異名を持つエリアである。これは良い物件があるのではないか？　と思いつつ、一抹の不安もあった。

なぜならば、東京の風俗ユーザーであれば御存知のことだと思うが、実は巣鴨は東京のデリバリーヘルスの激戦区の一つである。山手線で隣の駅にあたる大塚駅周辺とまとめられることが多いが、とくに人妻・熟女系のデリヘルが多いことで知られている。そして、詳細は割愛するが多くの店が暗黙の了解として〝独特のフィニッシュ〟を取り入れていることも人気の一因になっている。このようにデリバリーヘルスが充実しているエリアなので、店舗型風俗店はないのでは？　それが不安の一つであった。

そして、巣鴨にはお年寄りの原宿といった顔以外にも、もう一つの顔……正確には隠れた顔とでも言うべきだろうか。風俗的に忘れてはならない一面もある。

ＪＲ巣鴨駅の北口と南口の周辺には、実はかなりの数のピンクサロンが点在している。ぽつん度が低くなる恐れがあるのだ。まぁ、ピンサロは正確には風俗店に分類されないということとを言い訳に、その存在は無視することにしよう。

念のためにスマホでチェックしてみると、なんと、一軒だけソープランドがあることがわかった。そこはピンサロが集まっているエリアから少し離れた場所にある『T』（仮称）という店であった。驚いたのはその建物の隣の建物だ。なんと、仏壇仏具店なのである。

ソープランドは自由恋愛という建前のもとでのことであるが、まぁ、簡単に説明すれば生を産み出す行為をする場所である。一方で、その隣には人生の終わりに関わる物品を売買する場所があるのだ。生と死という対極するものが隣り合わせになっていて、輪廻転生を感じさせる『ぽつん風俗』である。これもぽつんと一軒だけ建っている風俗店ならではの現象だといえるだろう。

●老人の原宿なのにまさかのＪＫコスプレ

それにしても……いざ入ろうと思うと、これがなかなか難しい。近所に大手スーパーマーケットがあるからか、入口の前を自転車に乗った買い物客と思われる人々が行き交うのだ。

これでは入りにくい。とくに風俗に慣れていない者であれば気圧されてしまうのではないか？　もちろん、筆者の場合は慣れたものであるから堂々と（まぁ、多少は周囲を気にしますけど……）入店できるワケだが……。

右隣にはまさかの仏具店という、なんとも罰当たり（？）な立地

実は今回はプレイ内容を実際に体験して楽しみたかったので、スマホで検索した際には店の名前と場所しかチェックしていなかった。あえて予備知識を持たないようにしたのだ。ここはコスプレソープランドであり、コスチュームはＪＫ制服主体であることを入店して初めて知った。もちろん、キャストは成人であるし、あくまでもコンセプトである。しかし、ソープランドでの行為を考えると、これ以上にない背徳感だ。

巣鴨というエリアは既述のようにお年寄りの原宿である。そのエリアでＪＫコスプレのソープランド……。しかも、そのコスプレが似合うように若いキャストが多いのだ。ちょっと意外過ぎてかえって入店してからの方が気圧されてしまった。

少し困ったのは、筆者が若い世代……20代前半の女性が得意ではないことだ。年齢的に当然なのだが、ノリについていけないというか。たとえば、諸々の準備ができるまでの雑談とか、プレイ後に少し時間が余った時の会話の話題が見つからないのだ。だからといって沈黙していては取材もできないし……。そんなことを思いながら順番を呼ばれるのを待つ。待合室は清潔感があって、なかなか心地が良い。

10分ほどで姫がお出迎えに来たのだが、これがいかにも絵に描いたようなギャルであった。金髪というよりも銀色に近い髪色に、思わず自分のことは棚に上げて「毛根は大丈夫なのか？」と気になってしまったし、不自然に日焼けした肌にも皮膚の心配をしてしまう。完全に父親のような心境になってしまい、プレイに集中できそうもない。

ちなみにお迎えの時点ではコスチュームではなく、黒のキャミソール姿だった。廊下で軽くキスをされたが、さすがにこれにはドキドキしてしまった。これがもしも制服姿だったら、廊下なだけに学生時代を思い出し、背徳感もかなり高まったのではないか？　そんなことを妄想していると、館内に漂う独特の湯気のニオイが筆者を現実に引き戻す。そう、ここはソープランド、雰囲気などあったものではない。

●驚きの狭小空間でギャルと戯れる

驚いたのは個室に入ってからのこと。ハッキリ言って狭い。入口からスグの場所にベッドがあって、それをまたぐ感じで浴室……いや、バスタブがないのだ！　つまり、シャワーのみで済まされるということなのか？　もちろん、マットを敷くスペースもないし、そもそものマットも見当たらない。そしてバスタブもないとなると、当然のことながらソープランドの醍醐味であるマットプレイや混浴プレイはないということだ。

結局はシャワーでイチャイチャする程度でヘルスと同じ流れである。そして、店のウリのコスプレであるが、部屋が狭いということもあって、姫はベッドの上で着替え始めた。もちろん、スペースの都合上、仕方のないことだが、正直なところ興醒めがしないでもない。

それからプレイに突入したが、やはりシャワーからのベッドという流れはソープランドに来たというよりもイメージクラブに来た気分だ。ただ、この気分が後半、功を奏するとは……。

姫は制服姿のままサービスをしてくる。今回はチェックのスカートにブレザー系の制服をチョイスしたのだが、彼女が覆いかぶさって全身リップをするたびにネクタイが筆者の身体に触れるのだ。もちろん、筆者は全裸状態であり、そこにサワサワっという感じで触れるネクタイ……。これがフェザータッチの愛撫のようであり、恥ずかしながら感じてしまった。股間が膨れ上がってしまった。

そのままの流れで筆者も姫を責めたが、制服の上から胸を揉むという行為は、当然のことながら背徳感を抱いてしまう。さらに、スカートの裾から手を入れて秘部に触れるという行為も自分の中で最大級の後ろめたさを感じてしまった。その後、ソープランド特有のフィニッシュを迎えるにあたり、先ほどまで「イメクラみたいだな」という気持ちが「イメクラでイケナイことをしているようだ」という想いに変わっていくと、なんともいえない興奮を覚えた。これで最高のフィニッシュを迎えることができる……そう思った。

しかし、同時に巣鴨というお年寄りの聖地でＪＫギャルルックの姫と秘め事をしていること。何よりも、本来は生産する行為をしている隣に人生の終わりを飾る店があるというギャップ……。この相対した世界観の中でソープ遊びをしていることがシュールに思え、頭の中がカオスなまま絶頂に達してしまった。

終了後、少し時間があったのでトークと相成ったが、やはり話題がない。苦し紛れに筆者が聞いたのは「巣鴨ってことで、やっぱり、おじいちゃんのお客さんって来るの？」ということであった。すると「偶数月の15日近辺は……」とのことだ。年金の給付日になるとやって来るのだろう。しかし、その後は会話が弾まず。なんとなく時間が過ぎてタイムアップとなった。

お年寄りの原宿と呼ばれるエリアで出会ったのは、本当の原宿にいそうなギャル泡姫であった。そんな彼女を相手に満足感と軽い敗北感という相対する想いを抱きつつ、筆者は巣鴨を後にした。

【コラム3】
ぽつん風俗、最期の日

本書で取り上げている『ぽつん風俗』の特徴として挙げられることは、どの店舗も老舗であるということだろう。現在の東京都の条例では店舗型風俗店が新規の営業許可を受けることは非常に難しい。つまり現存する『ぽつん風俗』は歴史がある物件であり、時代を生き延びてきたからこそ、『ぽつん風俗』になったのだといえる。

さて、物事には始まりがあれば終わりというものがある。現在、風俗業界においては、毎年……いや、毎月のように数多くの風俗店……主にデリバリーヘルスなどの派遣型風俗店がオープンしている。派遣型風俗店は営業許可を取ること自体が比較的簡単だからである。しかしながら事業を継続できるかというと……。筆者はこれまでに各媒体に新規オープンしたデリヘルの記事を何百回と書いてきたが、多くが1年、いや、半年と経たずに店を閉めている。

営業を諦めた風俗店の店主の話を聞けば、「広告費がハンパじゃない」という理由がほとん

代々木のマンション。ここにもかつてぽつん風俗が存在した。

どだ。つまり、支払う広告費と収入のバランスが取れなくなったという理由が大半である。

その点、『ぽつん風俗』などの店舗型風俗店は看板を出して営業をしているところがほとんどだ。たとえビルなどの上階にあっても大元のビルの入口に看板などを置いているだろう。この看板を出している行為こそが宣伝であり、そこに居続けられる（営業していける）一因になっていると思う。店舗型風俗店の運営は館内（室内）のメンテナンス代などの諸問題はあるが、看板を出せることはメリットの一つであることは間違いない。

もちろん、それでも閉店してしまった『ぽつん風俗』も少なくはない。

これは他の風俗店にもいえることであるが、ある日、突然、閉店してしまうところがほとんどだ。とくにデリヘルの場合は公式サイトが閉鎖されたり、電話がつながらなくなったりして、ユーザーが閉店を察知するケースがほとんどだ。そのような中、ある『ぽつん風俗』店は閉店の約半月前に予告を出した。2016年春のことだ。「残りわずかですが、ぜひ」というわけである。

その某店は代々木のマンションの中に存在していた。〝生前〟に何度か利用をしたことがある筆者は『ぽつん風俗』の〝最期〟を見届けようと、足を運ぶことにした。もちろん最終日に行くことが望ましかったが、そうなると多少の混乱が予想されたので、お気に入りの嬢の出勤日との兼ね合いで閉店2日前に訪れることにした。

マンションを別角度から。店は○階にあった。

オートロック式のマンションで指定の番号を押して入館。受付に行き、予約している旨を伝えると待合室へ。

驚いたのは、これまでにここで他人に遭遇したことがなかったのに、この日は先客がいたことだ。雑誌を読む者もいれば、スマホをいじっている者もいる。印象的だったのは、宙の一点を見つめて感慨にふけっていた40代半ばと思われる男性だ。時おりため息をついては、視線を下ろし、そしてまた宙を見つめる。その繰り返しだ。筆者が待っていた10分間で、彼は何度、そうしたのだろう。そして、どのようなプレイを思い出していたのだろうか？　なんとなく気になったものである。

ちなみにプレイは当然のことながら、今までと何も変わらず。最後だからといって特別なサービスもなかった。

「この店、宣伝してないんだもん。お客さんが来なくて当然じゃん！」

お気に入りの嬢はそう愚痴っていた。

そういえば、その店はマンション内で営業していたこともあって看板を出していなかった。もちろん、風俗ポータルサイトでの宣伝は行っていたが、それを見る人は風俗ユーザーに限られてくる。意外な利益をもたらしてくれる一見さんをつかめないことも営業に影響していたのかもしれない。

マンションを出た後、空を見上げた。春だったこともあって、なんとなく、学生時代の終わりの卒業式の日に見た空に似ていた。今日もまたひとつ、『ぽつん風俗』の歴史が閉じようとしている……。この時の筆者は感傷的だったのだろうか？

【第五章】

お出かけぽつん風俗

【埼玉県日高市】

いまや伝説となった奥埼玉のエロ遺産

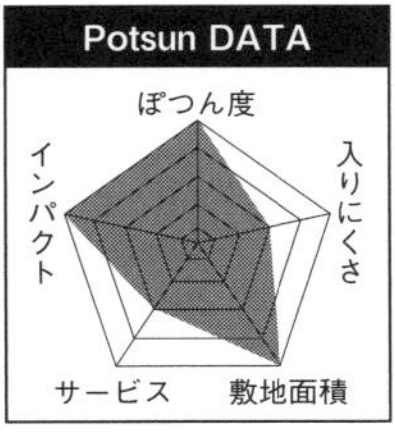

今回、彩図社より本書のお話をいただいた時に、まず担当編集者との打ち合わせを行った。

ちなみに担当氏（男性）は風俗で遊んだ経験はゼロに等しいとか。

最初の打ち合わせの時だっただろうか。

「子門さんにとって一番、印象的な『ぽつん風俗』は？」という質問を受けた。

質問の意図はよくわかる。本書を執筆・制作するにあたって最も重要なポイントだろう。

しかし、筆者は答えに窮してしまった。

なぜなら『印象的』というキーワードが何を指すのか、わからなかったからだ。

見た目が印象的なのか？　建っているシチュエーションが印象的なのか？　プレイ自体が

印象的なのか？　しかも、その印象的ということに〝良い意味で〟という前提が当てはまらないと本書で紹介する意義はないと思っている。

実のところ、そのすべてを兼ね備えた『ぽつん風俗』に出会ったことがないのが現状であり、だからこそ、今なお求めて各地を彷徨っているのだろう。

しかしながら、前述の要素のどれかに当てはまる『ぽつん風俗』には出会っている。

そして、見た目、シチュエーションという2つの点で間違いなくトップである『ぽつん風俗』は存在する。それが本項で紹介する『U』（仮称）である。

車に乗ること１時間弱。ゲートが見えてくる。

●畑の中にある肉欲のテーマパーク

場所は埼玉県日高市である。

ちなみに筆者も埼玉県民であるが東京都に近い埼玉であり、日高へ行くには車で高速道路を利用して1時間弱といったところだ。埼玉県の広さを感じさせ、ちょっとした小旅行気分である。そのため、本物件は〝おでかけぽつん風俗〟にカテゴライズした次第である。

加えて『U』の近所には『S』という畜産・精肉会社が経営する〝肉のテーマパーク〟ともいえるスポットがある。ここは肉料理を味わえるだけではなく、温泉施設があったりと、1日中楽しめる素晴らしい観光スポットである。この『S』を目的に訪れるのも悪くないだろう。

今から5年前のこと。筆者は『S』がお目当てで日高を訪れていた。

当時の筆者は都内のフリーマガジン制作会社に勤務しながら副業的に風俗ライターをしていた。その会社は予算の関係で配送も自社で行っていて、筆者はその配送・補充をする部署に配属されていた。楽しみといえば、配送する先々の人気店や名店でランチを食べることであった。その日は日高に納品に来たので、『S』を訪れたのだ。そして新鮮な豚肉を使った料理に舌鼓を打っていた時のこと。

「先輩、『U』って御存知ですか？　この近くにあるんですよ」

同行していた後輩のKがそう切り出した。

ちなみにKは筆者より10才年下ながらも、その世代には珍しい無類の風俗好きである。『U』が風俗店であることは直感でわかった。Kは食後に『U』を見物に行かないかと誘ってきた。彼の案内でそこへ行って驚いた。『S』の裏手にあった〝それ〟はあまりにもスゴいシチュエーションに佇んでいたからだ。

現代日本とは思えないパンチのあるゲート。さすがは『U』、貫禄が違う。

『U』は山に囲まれた畑の中にぽつんと建っていた。それを見て筆者はなぜか、まったくもって違うものであるが、子供の頃に観たアメリカのドラマ『大草原の小さな家』を思い出した。幸せな家庭と風俗店という超相対するものであるが、畑の中にぽつんと建っていたから、そう思ってしまったのだろう。

いや、実はぽつんという感じがしなかったりもする。それは敷地が広大だからである。

なんと、この『U』は敷地の中にソープランド、ストリップ劇場、そして連れ出しができると噂のカラオケスナックがある。つまり、ひとつの敷地内に3つのアトラクションが存在しているのだ。裏手にある『S』が肉のテーマパークだとすれば、この『U』はさしずめ〝肉欲のテーマパーク〟と呼ぶに相応しい内容ではないか。

しかし、後輩Kの話によれば、ストリップに出演しているのは「現役を定年退職間近な踊り子さん」だという。もちろん、踊り子さんに定年などないが、それほど熟し過ぎた踊り子さんがいるという比喩だろう。また、カラオケスナックの方も「たまたま、かもしれませんが、日本語があまり通じない女性が相手でした……」とのこと。その両者はすでに機能しておらず、実質的にソープランドのみが営業しているという。これが5年前の話である。

●『U』はいまも営業しているのか？

今回、本書の執筆にあたり、『U』を取材すべく5年ぶりに日高を訪れた。

思ったよりも道が空いていて午前11時に到着したが、やはりというか、当然というかオープンはしていなかった。雨が降っていたこともあって、霧が立ち込めていて、『U』はどことなく悪の要塞のようで不穏なオーラを放っていた……。

仕方なく『S』に行き、ランチタイムにして美味しい豚肉料理と温泉を堪能。あまりにもまったりしてしまい、『U』に戻ることを躊躇してしまうほどだ。もちろん、筆者には突入というミッションがあるので、重い腰を上げて向かった。

午前中とは打って変わって青空のもとにぽつんと佇む『U』であるが、遠くから見ると改め

『U』の全景。かつてはこの建物も大勢の男たちで賑わったことがあったのだろう。

てその規模の大きさがわかる。しかし、ヒッソリとしていて人気がなく、営業している感じではない。タイムリミットの夕方4時まで待ってみたが、ついにその扉が開くことはなかった。

閉店したか……そう思って調べてみたところ、2018年1月現在、閉店はしてはいないようだ。

『U』は公式サイトを持っていないので口コミサイトなどを参考にするしかないが、そこに書き込まれた情報によると、まだ細々と営業を続けているらしい。ようは女性の出勤予定によって営業時間が不安定なのだろう。「な～んだ……」という残念な想いと、正直なところホッと安堵している自分がいた。

なぜなら、それは5年前の経験が頭に残っ

ているからだ。

●脳裏をよぎる5年前の思い出

ここから話は5年前にさかのぼる。

後輩Kから『U』の存在を聞き、目の当たりにして興味を抱いてしまった筆者。お互いに「会社には内緒だぞ」と言い聞かせ、職場放棄をして、つまり仕事をサボって『U』に突入したのだ。気になったのは、いざ入口を目の当たりにすると後輩が「本気っすか？」と繰り返してきたことだ。また、筆者も長年の風俗通いで培った直感で「何かがある」、「タダでは済まないかも」という想いが頭を過った。

入口で少しコワモテの男性スタッフが冷やかしでないことを確認すると、「ここで小5枚を払ってね。残りは女のコに渡して」と、総額で大2枚であることを示唆した。ちなみに時間は「本当は50分だけど60分でいいよ」とのこと。1時間で大2枚という金額は、吉原であればギリギリ中級店の値段である。これは期待できるという想いと、その佇まいから割高だと感じる想いが交錯した。いや、はっきりと書いてしまえば不安のほうが大きかった。まず、受付にキャストの写真パネルがなかった。一応、「若くてスレンダー」とタイプを伝えたが、「あぁ、うちは若くても40代だから」とアッサリと一蹴されたのだ。ん？　先程、「（料金の）残りは女のコに払って」といったではないか、〝女のコ〟にと……。これで大2枚とは……不安しかなくて当然だろう。

ただ、「風俗はテクニックが肝心！」ということで、テクニシャンであればいいじゃないか。自分にそう言い聞かせて個室に通された。相手は40代前半で当時の筆者と同世代だろう。この店では若い部類に入り、嬢いわく「上は70歳近くもいるわよ」とのこと。ちなみに後輩は「自分の母親よりも年上さんでした」と還暦オーバーの女性だったそうだ。

それにしても……部屋が狭い。風呂場には家庭で見るような小さめのバスタブが置かれている。これでは潜望鏡などのソープランド独特のテクニックは望めないだろう。もちろん、マットプレイも諦めようと思ったら、「（マットプレイが）できるわよ」とのこと。しかし、マットは風呂場ギリギリのサイズであり、若干空気も抜け気味だ。残念ながら、それが気になってイクことができなかったのでベッドへ移る。

ベッドでのテクニックは、さすがベテランという感じで、当初は無理だと思っていたものの、シッカリとイカされた。ただ、それが大2枚の価値があったかといえば、あくまでも個人的にではあるが微妙なところであった。

それでも時間が余ったので（それだけ相手がテクニシャンであり、決して筆者が早かったわけではない）嬢と話をしてわかったのは、『U』の母体は手広く事業を行っていて、その昔、八丈島にストリップ劇場を建てようとして島民から猛反対にあったこと。同じ敷地内にあるストリップ劇場では「ステージ上で〝アレ〟をさせてたみたい」とのことで、ガサ入れによって営業ができなくなったらしいこと。昔のお客さんは近所の茶畑で働いている人がほとんどだった……といった情報を聞き出した。肉のテーマパークの裏にある肉欲のテーマパークは、知れば知るほど味わい深いようだ。

すべてを終えて『U』を後にする頃には、すっかりと日が暮れて辺りを夜の帳が包んでいた。そして、建物へと続く畑の中の一本道の途中で振り返ると、そこには街灯でピンクに浮かぶ『U』の姿があった。その姿はまるで怪しげな光を放つ桃源郷のように見えた。

『U』は見た目・シチュエーションにおいては間違いなくトップクラスの『ぽつん風俗』だと5年が経った今でもそう思っている。

【静岡県熱海市】

温泉街で見つけた竜宮城 海を臨むぽつんヘルス

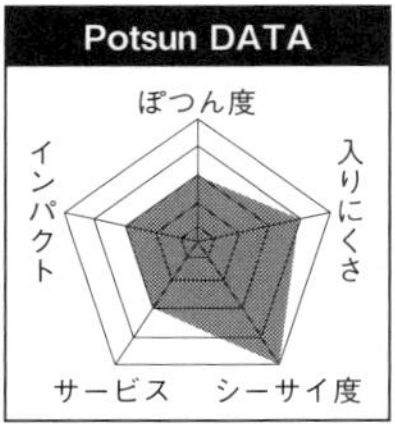

意外な場所で『ぽつん風俗』を見つけた時ほど、この趣味の醍醐味を感じることはない。たとえば、今回の訪問場所である熱海もそうだ。

静岡県の最東部に位置し、県内はもとより国内屈指の観光地として知られている熱海市。市民の８割以上が第三次産業に従事しているというデータからも、いかに観光で栄えているかがわかる。

ところで、熱海といったら、どのようなイメージを持つだろうか？　昭和20年代生まれの方であれば新婚旅行の聖地というイメージが強いのではないか？

また、関東近郊および東海地方の企業で働いている方にとっては社員旅行の行先の定番といったところだろうか。そうとなると、社員旅行につきものなのが夜のお遊びだ。つまり、風俗店があるのではないかということである。

●保養地には風俗街がお約束？

所用で十数年ぶりに熱海を訪れたのは暮れも押し迫った2016年12月下旬のこと。まず驚いたのはJR熱海駅の変貌ぶりだ。改装されて都市部の駅ビルのようになっていて、少し前までの廃れた感が払しょくされていたのだ。

また、駅前には昔ながらの商店街（みやげ店通り）は残っていたが、都心でおなじみのチェーン店系の飲食店ばかりで、昔ながらの温泉街じみた雰囲気が薄まっていた。

町を散策しても大手コンビニが数多く建ち並んでいて、なんとなく都内を歩いているかのような気分だ。唯一、風向きによって、時折、潮風が鼻先をかすめることで「あ、ここは熱海なんだ」と思うくらい。

そんなことを考えながら駅を離れ、熱海銀座商店街を通り過ぎて国道135号線を越えて、海岸方面へ向かって歩く。すると、椰子の木が並び、砂浜が広がる海辺の街並みが見えてきて、やっと熱海に来たと実感する。ここで用事の前に食事を済ませておこうと渚町という繁華街を目指す。贔屓にしていた老舗の洋食屋があるので、そこで腹ごしらえをするつもりだった。

しかし十数年ぶりということもあって、件の洋食屋の場所を忘れてしまった。店を探して渚町を徘徊していると、「スナックか？」と思わせるテイの建物の前に出た。しかし、よく見ると『ファッションヘルスV』（仮称）と書かれていた。まさかの『ぽつん風俗』との遭遇である。熱海に風俗店があるという予備知識は、関東で風俗ライターとして活動していると、なかなか入ってこない。しかし、冷静に考えてみれば、かつては社員旅行で訪れる殿方が多かったということは、風俗店があってもおかしくはない。実際、周辺を歩いてみると、『V』から少し離れた場所や、熱海湾に流れ込む糸川沿いにも風俗店が確認できた。つまり、純粋な『ぽつん風俗』ではないが、点在するということで分類的には〝ぽつんぽつん風俗〟ということになるだろう。

この『V』は街角という立地にありながらも孤高感があって期待させる店構えをしている。それにしても……入店することをはばかってしまう佇まいだ。入口が角に面しているのでとにかく目立つのだ。しかし、心配はご無用だ。平日の昼

さすがは温泉街、ピンクな店を発見

の渚町界隈は人通りが極端に少なく、見ている者はほとんどいない。そもそも、そんなことを気にしていたら〝ぽつん風俗巡り〟なんてできないわけで。

●営業開始まで粘って待つ

店に突入する前にシステムなどを調べようと『V』を検索すると、昼の12時より営業を行っていることになっている。しかし、出勤する女性が少ないのだろう。その日は16時からのスタートとなっていた。この時間のルーズさというか、緩さもまた『ぽつん風俗』らしいといえばらしい……。

結局、当初の目的通りに洋食屋で食事を済ませ、改めて渚町を散策すると風俗案内所もあるし、怪しい雰囲気のスナックもある。調べてみると、糸川沿いの中央町と呼ばれる地域は、かつては赤線地帯だったようだ。その名残が渚町に残っているのだろう。川沿いの海を一望できるロケーションには古いソープランドも建っていた。

また、ホテルヘルスの受付と思われる建物もあり、かつて新婚旅行の聖地と呼ばれた熱海は、なかなかの風俗タウンなのである。ただし絶対的に客は少ないけど……。

その後、渚町を隅々まで歩いても時間は余り、海なんぞを見つめて時間を過ごし、ようやく16時になった。受付のスタッフは「お遊び、ですか？」と、筆者を珍しいものを見るような感

こちらが熱海の『V』。角に建っているのでかなり目立つ。

じで驚いている。まさか客が来るとは思っていなかったのだろうか。

しきりに70分で大2枚、小3枚のコースを勧めてきたが却下。40分で大1枚、小1枚の料金を支払った。その理由は女性の選択肢が1人しかなく、まぁ、正直なところ好みではなかったからだ。

●嬢の口から語られる熱海の裏事情

5分ほどして案内されると、実年齢は30代後半と思われるK嬢が、「東京から？　あら〜、嬉しい！　いっぱいサービスしちゃうんだから！」と大げさに喜んで迎えてくれた。写真よりも、あきらかにポッチャリしている。まぁ、想定内のことであるが……。

シャワーを浴びながら、正直に道行く人が

町中には風俗案内所の姿も。はたして営業しているのだろうか。

少なかったので入りやすかった旨を伝えると「夜の方が、もっと人がいないから入りやすいわよ」と、豪快に笑うK嬢。彼女に話を聞くと、店舗型ヘルスの利用者は少なく、平日は店全体でお茶を挽くこともあるという。

それでは、なぜ彼女がこの店で働いているのかといえば、元々、彼女は近所の観光ホテルで仲居をしていたという。しかし、徐々に観光客が減り、経費削減でリストラに。その時の仲居仲間に教えてもらったのが、風俗の仕事だったという。

なお、界隈には連れ出しスナックも多いそうで、サービス内容が〝濃厚〟ということで需要もそこそこあるという。そこへの〝転職〟の話もあったが、「聞けば、そういうところって違法っていうじゃない？　だから恐くなって、こっちにしたの」とK嬢。

また、デリヘルという選択肢もあったそうだが、「連れ出しスナックが経営しているところもあるって噂だから……」と、なぜだかやたらと連れ出しスナックを警戒している。

話をまとめると、連れ出しスナックの中には「いざ！」という時のために、デリヘルの営業許可書を取っており、スナックとデリヘルを併せて営業しているところがあるとか。しかしながら、「どの業態も普段はヒマだと思うわ」とのこと。また、最近は出稼ぎの女性が入ってくることも多く、そうした女性たちは顔出しなどの露出をいとわないので客もつきやすい。K嬢などの地元勢は、思うように稼げないとか。「まぁ、観光客が減って旅館をリストラされたのに、こっちで稼げるわけないわ」と少し寂しげな表情を浮かべる姿が印象的だった。

と、このような風俗ライターとしては有意義な情報を得られたわけだが、気づけば話を聞いているだけで15分ほどが経過していた。一応、筆者は客である。そこで慌てたようにプレイとなったが、「客がいないから、ちょっと位、オーバーしたって大丈夫よ！」とのこと。なんて大らかなのだろう。

さて、K嬢のテクニックであるが、丁寧ではあるけれども、マニュアル通りの舐め方という感は否めない。たとえば乳首が感じるので、もっと舐めてほしいと懇願しても「流れがあるから……」と腰の辺りを舐め始めた。そして、フェラもひたすらイチモツをしゃぶるだけで、手を触れてほしいところ（まぁ、乳首ですが）に誘導しても、すぐに離してひたすらスロートするだけだ。

つまり、しゃぶり方に緩急がなく、スロートするスピードも一定の速さではないので、申し訳ないのだけど、あまり心地が良くなかったのである。

それでも何とかして時間内にフィニッシュとなり、「また、来てね！」という声に送られて店を出た。冬場ということで夕方5時でも辺りは暗くなっていたが、少し離れたところから振り返ってみると『V』の看板に明かりが灯っていて妙な存在感を示していた。

そこはかとなく昭和感が漂う、温泉街の『ぽつん風俗』。旅情に浸りつつ、その町の歴史に思いをはせながらのプレイもまたオツなものである。

【大阪府大阪市阿倍野区】

人情味が溢れる元気印のぽつんヘルス

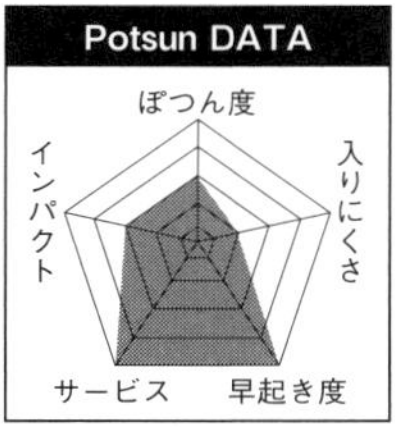

関東（埼玉県）在住の筆者にとって関西、こと大阪の風俗業界は独特に映ることがある。たとえば、M性感と呼ばれるジャンルの風俗店が多いこと。そして、ホテルヘルス（通称：ホテヘル）が多いことだ。

●大阪のフーゾクの特徴とは？

M性感とは風俗のジャンルの一つであり、基本的にSっ気のある女性（痴女と呼ばれることが多い）がジラシなどのテクニックを交えつつMっ気のある客（通称：M男）を責める内容が多い。なお、発祥の地とされる大阪では基本的にキャストは下着姿でトップレスはオプションというケースが多く、フィニッシュはほとんどが手コキで、フェラをしない店が大半である。ただし、大阪以外のエリアではM性感を名乗っていてもフェラフィニッシュの店も多々ある。

そして関西風俗のもう一方の雄であるホテルヘルス。派遣型風俗店といえばデリバリーヘルス（通称：デリヘル）がポピュラーであるが、両者の違いを簡単に説明すると、まずデリヘルは客と店が基本的に電話でやりとり、料金を派遣された女性に支払う。それに対してホテルヘルの場合は実際に受付がある。そこで女性を選び、料金を支払い、ホテルに移動してプレイを行うのである。

大阪にホテヘルが多いのは、1990年に大阪市鶴見区を中心に『国際花と緑の博覧会』が開催されたことが大きいだろう。この際に数多くの風俗店が摘発の憂き目に遭い、その代替としてホテヘルが増えていったとか。また受付で店員と客が直接のやり取りができるスタイルも、商売で会話を大切にする大阪の土地柄にマッチしたのではないか？

ちなみに、この万博の一件で大阪から消えたのがソープランドである。現在の大阪の店舗型風俗店（ファッションヘルス、M性感など）に風呂場のスペースが広い店があるのは、ソープランド跡地を利用していることが大きい。つまり、業種を鞍替えして今に至るのだ。

大阪の難波、梅田といった繁華街エリアには店舗型風俗店が多い。密集しているというわけではないのだが、バランス良く点在している感じである。そのため、『ぽつん風俗』な店に遭遇する可能性は低くなる。

その一方で梅田・難波以外のエリアには、いくつかの『ぽつん風俗』がある。その一軒が本章で紹介する『W』（仮称）である。創業30年以上の老舗中の老舗である。

●変貌する街並み、変わらない『W』

筆者は何度か利用しているが、初めて利用したのは1990年代後半のこと。

『W』は各線天王寺駅（大阪市天王寺区）から徒歩5分の場所にある。地下鉄谷町線の阿倍野駅を利用すれば徒歩1分と抜群のアクセスの場所にあるが、筆者は元々、阪堺電車という路面電車が走るこの周辺の街並みが好きで、よく訪れていた。その散策時に見つけたのが『W』というわけだ。もちろん、その時に速攻で入店したのは言うまでもない。

さて、今回本書のために約5年ぶりに訪れて驚いた。それは街並みが変わり過ぎていたからだ。そう、日本一高いビルこと『あべのハルカス』が建っていたのだ。改めて近代的で巨大な建物を目の当りにすると一抹の不安を覚えた。町自体は路面電車が走り、辛うじて昔の面影を残している。しかし、駅周辺はかなり洗練されている。それは、同窓会で久々に会った学生時代は気軽に話せていた女子が、美人になって手の届かない存在になっていた、みたいな感じだ。

そのため、「もしかしたら『W』も撤退しているのでは？」と思ったからだ。

そのような理由で不安を抱えながら店へ向かう。幸いにも、あべの筋沿いの商店街は良い意味でさほど変わっていなかった。そして、ある一角を横に入って路地裏を歩くと……あった！『W』が以前と変わらない姿でぽつんと存在していた。大阪では、なぜかファッションヘルスを〝個室マッサージ〟と表記することが多いが、大きくそう書かれた看板からは年季と風格すら感じられる。

筆者が訪れたのは早朝6時頃のこと。この店の営業時間は6時〝1分〟からであり、オープンから先着30名は25分コースを小6枚という激安料金で遊ぶことができるのだ。

ちなみに営業開始時間がジャストの00分ではなく、01分なのは、以前は日の出営業という曖昧な表現があったため。条例が変わり、その表現が使用できなくなったので、このような設定になったものと思われる。

なお『W』はビルの2階にあり、建物の表と裏に入口があるので、入店しやすい。まぁ、いずれにしても路地裏というシチュエーション、しかも早朝なので他人の目をさほど気にすることなく入店できる。

驚いたのは平日の午前6時10分頃の入店だったのに活気があったことだった。

待合室は筆者1人だったが、個室の方はけっこう賑わっているようで、プレイをしている雰囲気が伝わってくる。また、今すぐに案内できるキャストとして提示をされたのが2人ということは、それだけ流行っているということなのだろう。おそらく大部分は割引目当てのお客さんであり、やはり、25分で6000円という価格は魅力的なのである。筆者は、せっかくの大阪風俗なのだから同店で最も時間が長い45分コースにしようと思ったが、ここはひとつ周囲に倣うことにした。

●伝統と格式の名物サービスに大満足

店内は以前にも増して歴史を感じさせた。何せ創業30年以上の店だから手入れは行き届いているが、古さを否めない箇所もある。常時、大量に湯を使っている施設ならではの独特のニオイ……言ってしまえば店舗型風俗店独特のニオイが漂っているが、この店の場合は、それすら風格を感じてしまうほどだ。

個室マッサージ『W』、このビルの２階にある

　お相手の嬢は公式プロフィールでは20代前半になっていたが、おそらく10年ほど据え置きされたものだろう。それでも

ビル裏手にあるもうひとつの入り口

美人であるし、実年齢に伴った年相応の色気がある。そんな彼女が絡みついてきてディープキスをしてきたのだ。

これぞ『W』の名物サービス、「ディープキスでお出迎え」だ。筆者の股間はたちまち元気になる。続いて「お兄さんも好きやな～。朝から元気やん！　ホンマの朝勃ちやん！」と嬢に股間をイジられながらのシャワータイムとなった。おそらく彼女は朝6時台の客にお約束として同じセリフを言っているのだろう。なぜならば以前にも言われたことを思い出したからだ。そんな言葉をあいさつ代わりにできるのが大阪の風俗の良いところだと思った。

ただし、25分という制限時間である。アッという間に時間が過ぎることが明白だ。事実、ディープキス～シャワー～全身リップ～フィニッシュ～シャワーという流れで、こちらから女性を責めることはほとんどできない。流れの中でバストにタッチする程度だ。これは責め好きの場合は物足らないかもしれないが、Mっ気があって受け身派の筆者としては嬉しい展開だ。

股間に余裕があれば、もう1セット挑戦しようかと思うほどであった。

プレイを終えて部屋を出る際に嬢が「いってらっしゃい！」と言いながら軽くキスをしてきた。きっと『W』でヌいてスッキリしてから出社する人が多いのだろう。新婚夫婦のような感じがしてなんとも嬉しい。これは早朝風俗ならではの醍醐味の一つである。

店を出ても朝の7時である。ようやく町が目覚めて動き始める時間の前にスッキリしているのは、なんだか不思議な気分でもある。

天王寺駅に向かっていると何度もスーツに身を包んだビジネスマンが筆者を速足で追い抜いていった。きっと彼らのスピードでは朝の6時に風俗を楽しむ余裕はないのだろうな……。あべのハルカスのオフィスに吸い込まれていくスーツ姿を見ているとフとそんな優越感にも似た想いが頭をよぎった。『W』のサービス自体は何も変わっていなかった。しかし、空を見上げると、そこに最新の高層建築物があり、洗練された雰囲気をかもし出している。その結果、『W』は以前にも増してぽつん度を高めているような気がした。

【重要文化財の目と鼻の先にあるぽつん風俗】

あり得ない超絶立地、お上が認めたぽつんソープ

現在、なぜ、店舗型風俗店の新店舗が増えないのかといえば、法律や条例によって性風俗に関する建物の建築が制限されているからだ。たとえば、一定の距離内に学校や病院、図書館があると建てられない。つまり東京23区では、新しい風俗店を建てることはほぼ不可能というわけだ。現在、都内で営業をしている店舗型風俗店は条例などができる前に建てられたものだ。正直なところ、建物が古かったりするのは、そのためだ。

そのことを知っていると、本稿で紹介する『ぽつん風俗』は「あり得ない立地条件」になるのではないだろうか。なぜならば、ソープランドでありながら目と鼻の先に国の重要文化財が建っているからだ。

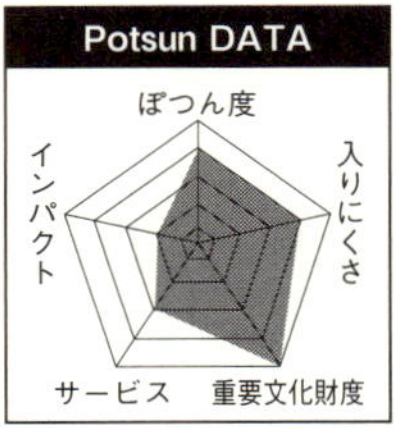

場所は愛媛県松山市の道後温泉界隈である。もちろん、訪れたのは昔ではなく、2017年1月のことであり、だからこそ、それがまかり通ってしまうことに驚きを覚えた。もちろん、条例が制定される前からそこで営業しているので、現在も続いているワケだ。既得権というやつである。筆者も10年以上前から、そのぽつんなソープランドの存在を知っていた。

●松山は四国を代表する風俗密集地

実は筆者は2005年から約2年間に渡り、愛媛県松山市にて四国の風俗情報誌の編集部で働いていたことがある。関東在住者は意外に思うかもしれないが、四国は愛媛県松山市、香川県高松市を双璧にして風俗大国であり、当時は風俗情報誌の需要があったからだ。

その2005年頃で松山市内だけでデリバリーヘルスは200軒以上あった。これは許可書を得て営業をしている店舗の数であり、〝もぐり〟を入れると倍以上になると言われていた。ちなみに、松山市は愛媛県の県庁所在地であり、四国地方で最大の人口51万人を擁しているが、このデリヘルの数は多過ぎると思う。

さらに市の観光名所の一つである道後温泉にも風俗街がある。道後多幸町と呼ばれるエリアで、街のシンボルであり、国の重要文化財に指定されている道後温泉本館の西側に位置する。ファッションヘルスやソープランドなどの店舗型風俗店はもとより、いくつもの店舗が入っているヘルスビルがあるほどだ。２００５年当時、筆者はこれらの店舗を取材していた。しかし、本稿の主役であるソープランド『X』（仮称）は『ぽつん風俗』ゆえに多幸町にはない。国の重要文化財である道後温泉本館の南側２００メートルという、目と鼻の先にあるのである。

筆者が働いていた媒体は、クライアント（広告主）の店舗で遊んではならないという暗黙の了解があった。そのため、『X』の存在は知っていたが入店したことはなかった。クライアントの店で遊ぶと変な情が湧く可能性がある。平等に扱うための配慮だった。

その媒体は松山市の正規の風俗店をほぼ網羅していたので、せっかく道後温泉にいても遊ぶことはできない。結局、かつて道後温泉本館の裏手にあったネオン坂という、ちょんの間街へ……という感じだった。

●初心者は面食らう独特の松山ルール

話を『X』に戻そう。筆者にとって今回の松山上陸は約10年ぶりとなるが、事実上、松山市の正規の風俗店で遊ぶのは初めてのことになる。

改めて店の前に立つ。観光地ということもあって、人通りが多く、なかなか入りにくい。それでも覚悟を決めて突入すると、受付で懐かしい光景に再会した。店内の指名用のパネル写真

国の重要文化財に指定されている道後温泉本館。この近くにもぽつん風俗がある。

にボカシが入っているのだ。もう一度書くが、不特定多数が閲覧できる公式サイトなどのネットの写真であればまだしも、店で客しか見ることができない写真にボカシやモザイクが入っているのである。これは地方都市ならでは、の女性の身バレ対策なのだ。松山市では常識であるが、東京の風俗店しか知らない者は面食らうことだろう。

さらに松山（道後）ルールは続く。待合室に通されるのだが、座る席を指定されるのだ。待合室には監視カメラが備え付けられており、そこで得た映像はそのまま女のコの待機場に流れる。万が一、知り合いが遊びに来た場合、女のコは接客を断ることで身バレを防ぐことができる。座席を指定されるのは、単純にそこがカメラの映りがいいからである。

松山市の風俗はそれだけ地元の女のコが多いと

重要文化財の近くにある松山のぽつん風俗『X』。ソープランドである。

いうことであり、いろいろな意味で地域に密着しているといえるだろう。

筆者のチェックが終わったのだろう。男性スタッフが「ご用意ができました」と、階段まで案内してくれた。

そこで待っていたのは黒髪ロングの清楚そうなA嬢であった。年齢は26、7歳といったところだろうか。普段は一般企業で働いていて、「ソープはあくまでもバイト」とのことだ。

●一癖ある姫に当たってしまった…

お風呂の準備ができるまで、しばしのトークタイムとなったが、なぜか「会社では偉い立場にある」とか「役員なので時間に自由が利くから、この時間（平日の午前中）でもソープで働いていられる」など聞いてもない自慢話をしてくる。さらに、裸になるとグラマータイプで「うち、名器って言われるけん」と伊予弁で言ってくるのだが、その言葉の裏側には「だから、アンタはラッキーやけん」という気持ちが見え隠れしているような気がした。

まぁ、ソープランドなので、それ相応のテクニックを堪能できればいいかと思い直し、マットの上にうつ伏せになったのだが……なんだか違和感がある。錯覚かもしれないが、マットが動いているというか……動いているじゃないか！　そんな筆者の慌てぶりにA嬢も気付いたのだろう。

「すみません。このお店、排水を良くするために風呂場が傾いているけん。うち、他のお店でも働いたことあるけど、この店の傾きはスゴイ」

A嬢は笑いながらそう言ったが、それが素直な感想だったからだろうか、自然な表情に初めて本当の彼女を見た気がした。と思ったのもつかの間、筆者がマットの上で仰向けになるとA嬢はいきなり騎乗位でまたがってきた。黒髪を揺らしながら激しく腰を振ってくるのだが、情熱的な濃厚なサービスというよりも、早くイカせたい気持ちが見え隠れする……。

●唇を巡る必死の攻防

少し休憩をしてベッドでの第二ラウンドへ突入したのだが、ここでもまたA嬢の態度に違和感を覚えた。なんと口元をタオルで隠しているのだ。ようは、キスはしてくれるなということだろう。これには少し呆れつつ、感心もした。もしかしたら彼女は「カラダは売っても心は売らない。だからキスはしない」という昔気質の泡姫なのだろうか。

しかし、彼女は筆者を警戒し過ぎであることが、ひしひしと伝わってくる。

なぜならば、正常位などで向かい合うとギュッとタオルを噛みしめるのだが、その勢いがすごい。タオルを噛みちぎるのではないかと思うほど食いしばっている。しかもタオルの両サイドをギュッと一直線に握っているので、ハッキリ言って滑稽な表情に思えてならない。しかも、タオルを噛みしめているものだから、悶え声が〝ヴー〟とか〝うう〜〟といった感じで変なのだ。だから、笑いを堪えるのに必死になった結果、筆者は思わず「バックでもいい？」とお願いしてしまった。

すると、A嬢は快諾して四つん這いになる。そして、背後から……となったが、バックからだとキスをされないと思ったのだろうか。くわえていたタオルを外し、〝あぁ〜ん！〟、〝イイわ！〟などと悶え始めた。まぁ、多少は演技くさかったけど……。

しかし、である。たとえバックからでも筆者が身体を前に倒せばキスは狙える。

タオルを離したすきにA嬢に肩越しからキスを迫ると、彼女は再びタオルを噛んでガードし始めた。よほど嫌なのか、総合格闘技におけるガードポジションの「タートル・ガード」、つまり亀のような態勢になって、お尻だけを突き出している。その姿があまりに滑稽で、ここまでくるとバカ負けというかなんというか。やっとの想いで2度目の発射をすることができた……と書けば、筆者の苦闘がわかっていただけるだろうか。

帰り際、「今日は一見さんなのに、私に当たってラッキーでしたね！」と言い放ったA嬢。どうやら普段は予約が難しいと言いたいらしい。さらに「だから、もう会えないかもしれないね！」などと言うではないか。

「もちろん、こちらからもお断りするけどな！」

と言ってしまうと大人げがないのでグッとガマンした筆者であった。

そして、プレイ後は案の定、店を出た瞬間に近隣の駐車場にバスを停めた観光客の集団と出くわした。当然のことながら思い切りジロジロ見られた次第で、観光地近くの『ぽつん風俗』ならではの罠のように思えた。

さて、この『X』であるが、潜入した1年後にとんでもないことが起きたようだ。

詳細はこの後のコラムにて！

【コラム4】
潜入した『ぽつん風俗』が摘発された！

前項で紹介した道後温泉のソープランド『X』に潜入したのは2017年1月のことであった。その1年前のことを思い出しながら原稿を書き終え、そろそろ本書の原稿をまとめなくてはならない……と作業をしていた2018年1月。

愛媛県松山市在住の知人より連絡があった。ちなみに彼は以前、同地で一緒に風俗情報誌を作っていた仲であり、現在も地元の風俗業界に精通している。そんな彼からの一報となれば松山の風俗情報に決まっている……そう思ったら、案の定、そうであった。しかし、その内容がかなり衝撃的だった。

なんでも、『X』が摘発を受けて閉鎖に追い込まれたというのだ。どうやら、みかじめ料金を巡る問題が理由らしい。この原稿を書いている2月末現在、今後の予定は未定ということだ。

ちなみに松山在住の彼からは『X』と同時に摘発されたグループ店舗の前でカメラを構える

報道陣の写真が送られてきた。きっと、店内は修羅場なのだろうな……と思ったことと同時に、筆者は〝あの日〟を思い出していた。

それは2003年のこと。本書で何度も触れている当時の石原都知事の号令による浄化作戦で、都内の風俗店は一斉摘発を受けた。ターゲットはマンションなどで未許可営業していた店である。当初は歌舞伎町だけと思われていたが、都内の他のエリアでも摘発が行われるようになっていた。

もちろん、お上も「〇月〇日に摘発しま～す！」と告知をするわけではないから、それは突然である。ある日、筆者が摘発に該当する店を取材していた時のこと。その店は同じマンションの中に受付と違うフロアにプレイルームがあり、取材場所はプレイルームであった。

取材中に店のスタッフから筆者のケータイ（当時はスマホではないので）に着信があった。出ると慌てた声で「子門さん、今すぐ、その部屋から出てください。

摘発当日。報道陣が集まり物々しい雰囲気。

なるべく裏口から出てください！」との指示があった。すぐにと言われても困ったのは、その取材がハメ撮り式の体験取材だったのだ。それでも慌てて着替え、指示通りに裏口から出た。気になったので表口に回ってみると……そこにはマンションを囲むようにしてパトカーが7、8台停まっていた。そう、摘発が入ったのだ。

もちろん取材した素材はボツになったどころか、以降、その店のスタッフと連絡がつかなくなった。いや、その店のスタッフだけではない。摘発後に連絡がつかなくなった風俗店のスタッフは多数である。

彼らはあれ以来、風俗業界から足を洗ってしまったのだろうか。今回、『X』の摘発の一報を受けて、風俗店が摘発される際の緊張感を思い出した筆者であった。

【番外編・都内某所】

まさかの特別サービス⁉ ぽつんヘルス、悪魔の囁き

本稿の原稿を担当編集者に提出したところ、「おもしろいんですけど、内容的に地名どころか地域も明らかにしないほうが賢明ですね」と提案された。もちろん、筆者も何となく「まぁ、そうだろうな」と思っていたので、本稿では店の外観はもちろんのこと、エリアが特定されるような写真もなしである。ヒントもなしであるが、日本人であれば誰もが知っており、ここ最近、連日のように外国からも観光客が訪れている都内の某エリアとだけはお伝えしておこう。

もちろん、本書で取り上げるからにはぽつん度が高いということで、シチュエーション的には観光客で賑わう大きな通りから一歩、路地裏に入った場所に「ぽつん！」と存在している。外観的には風俗店という雰囲気はないので、多くの人が気付かないのでは？　また、少しヒ

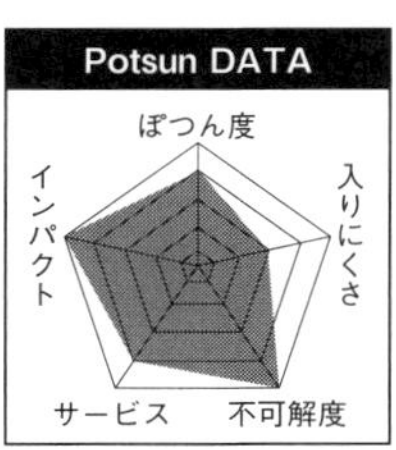

ントになってしまうが、筆者自身はそのエリアに対して風俗街というイメージは皆無であった。この地域を拠点にするデリヘル業者を知らなかったし、ましてやここに店舗型風俗店があるとは思っていなかった。

風俗ライターという仕事をしているので、とくに都内は、どのエリアにどんな風俗店があるのかは把握しているつもりだったが、まさに盲点だったのである。

●スペシャルコースの中身とは？

筆者がその店を利用したのは２００９年の夏頃のことだと記憶している。

その店はジャンルとしてはファッションヘルスとなるのだが、受付で店員さんの言葉を聞いて、筆者は耳を疑った。失礼な態度だとはわかっていたが、思わず「はぁ？」と聞き返してしまった。それほど、信じられないことを言ったからだ……。

店員が筆者に勧めてきたコースはスペシャルコースと称した『〇〇〇コース』なるものだった（ちなみに「〇〇〇」の中には、ある風俗ジャンルの略称が入る）。

その内容を聞いてあ然とした。モラル上、詳細は省くが、その「〇〇〇」と同様のサービスを受けることができるという。もう一度改めて書くが、筆者が入ったのはファッションヘルスだったハズだ。そこで、「〇〇〇」のサービスとは、つまり……。

「5000円プラスで〝本〇〟が可能です」

店員がそう言ったのだ。普通は「本〇行為は禁止です」と言うべきだから、それって店員として一番言ってはいけないことでしょう？　だから、筆者は耳を疑ったし、失礼ながら「はぁ？」というリアクションを取ってしまった次第だ。しかし、店員はこちらがコースを理解していないと思ったのだろう。またしても、「ですから、プラス5000円で本〇までできますよ」とほほ笑みながら勧めてくる。

プラス5000円……。

たしかにこの金額で、そのサービスを受けることができるのは魅力的かもしれない。しかし、筆者は気乗りしなかった。

別に格好をつけるわけではないが、本来、風俗遊びというものは、定められたルールの中で楽しんでこそではないか。制約がある中で快感を得ることが『プレイ』の本質であるはず。禁止されていることを破ってまで遊ぼうとは思わない。そもそも本〇行為がしたいならば、「〇〇〇」そのものに行けばいいだけの話だ。

なので筆者は通常のコースで遊ぶことにした。それでも店員がしつこく食い下がってきたのはウンザリしてしまったが……。

●熱烈営業をかける女の子

アジアンリゾートテイストに溢れた店内の待合室で待つことになったが、そこには4人ほどの先客がいた。平日の昼間なのに、この賑わいぶりには驚かされる。

そして次々と順番が呼ばれるのだが、「5番の番号札をお持ちの○○○コースの方ぁ〜、準備が整いました」、「7番の番号札をお持ちの○○○コースを……」といった具合に、筆者以外の客は全員、件のコースを選んでいた。

30分ほど待たされて、ようやく筆者の番号が呼ばれたが、「11番でお待ちの方、どうぞ」と、ぶっきらぼうに案内された。被害妄想かもしれないが、やはり、通常のコースの場合は店としてテンションが下がるのだろうか。そんなことを思いつつ、案内された階段の下へ行くと、お相手となる女のコが待っていた。ルックスもプロポーションも、なかなかの極上娘であり、期待も高まる。

部屋は……なるほど、○○○コースを設置したくなることもわかるような構造で、ベッドのフロアから一段下がったところにバスエリアがあり、マットも敷けるスペースがある。ちなみにベッドと風呂場を仕切る壁などはなく、おそらく、昔は○○○そのものだったのだろうと思わせる部屋だ。

「あの〜……本当に○○○コースでなくてよろしいですか？　私と本○できますよ！」

挨拶もそこそこに、彼女がそう聞いてきた。

筆者の意志は変わらないので、やんわりと断ると、諦めと不機嫌さが混ざった表情を浮かべて何も言わなくなった。これはあくまでも筆者の予想であるが、おそらく「〇〇〇コース」のプラス５０００円の女のコへのバック率が高いので、彼女も必死になっているのではないか？　そう思わざるを得ないほど、しつこく食い下がられるとは……。プレイ前に興ざめしてしまったのが正直なところである。

●挿入を巡る素股の攻防

まずはマットでのプレイとなったが、筆者の背中を縦横無尽、自由自在に滑り、なかなかのテクニックである。続いて仰向けにされた時には、イチモツが雄々しく隆起していたほどだ。しかし、それを見て彼女は、「こんなに大きくなっているんだからもったいないわ。今からでも（〇〇〇コースに）変更できますよ」と言い出した。

ここまでくると、多少気持ちが揺らいでしまうが、それでも自分を貫いた筆者は「普通のプレイだけでも十分に気持ちイイよ！」と言うと……。

「絶対に本〇の方が気持ちイイに決まってますって！」

なぜか、ムキになる彼女。

　このような不毛な議論を重ねても仕方ないと思った筆者は、冷静に通常のコースで続行することを伝えた。すると、ようやく諦めたのだろう。騎乗位素股でガンガンと腰を振ってきて、フィニッシュへと向かったが……巧みに本○しようとしてくるのだ、彼女が。おそらく、入ったら入ったで、結果的にプラス5000円を要求してくるだろう。それゆえに、巧みにかわす筆者。……ん？　普通、かわすのは女のコのほうであって、立場が逆ではないか！　それがシュールに感じてしまい、思わず笑いそうになってしまった。

　そのまま逃げ切って無事に（？）、騎乗位素股で発射した筆者。そこには妙な達成感があったが、その一方で、悔しそうな表情の嬢……。なんとなく、申し訳なくなり、自分は素股が好きなので満足だったという旨を伝えたが、結果的に火に油を注いでしまったようだ。

「私さぁ、フェラや素股よりも本○のほうが得意なんですよ！　それなのに……」

と、なぜか、逆ギレされたのだ。ここまで言われると、不思議なもので「自分が悪かったのか？」という気持ちも芽生えてくる。そして、ここまで本○を推されると、「もしかして狐か狸に化かされているのではないか？」とも思ってしまった。つまり、夢であり、店を出た瞬間、振り向くと枯葉の山があるとか……。たしかに、この店の近所にはお稲荷様もあるし……と、疑ってしまうほどだ。あほらしい想像なので、もちろん、そんなことはないし、あれから8年以上が過ぎたが、店は現在でも路地裏でぽつんと営業をしている。

後日談となるが、実は前述の3年後に、この店を再訪した。すると、『〇〇〇コース』はなくなっていた。さすがに、これはマズイと気付いたのだろうか。と、思っていたら、名前を変えてシッカリと残っていて、案の定、そのコースを勧められた。もちろん、やんわりと断ったが……。

さらなる後日談は続く。当原稿を書くにあたって、店のホームページをチェックしてみると、件のコースが『〇〇〇コース』という名称で堂々と案内されている。

いったいどうなっているのだろう？

そんな疑問を知り合いの風俗サイト運営者と話していると、「もしかしたら、特殊浴場としての営業許可を受けていたのでは？」という説が出た。

念には念を入れてと入稿直前に最後のチェックとして店のホームページを見ると、「ソープランドにリニューアル」という案内が掲載されていた。店名にも「ソープランド」という冠がついている。やはり、最初からソープランドとしての営業許可を受けていたのだろう。

そうとなると、なぜ、最初に『ヘルス』と謳ったのか。その真相はわからない。最初から従来のジャンルの名称で営業して欲しいものだ。そうすればこちらも割り切って遊べたのに……。

おわりに

まずは、ここまでお読みいただきまして、まことにありがとうございました。『ぽつん風俗』の世界はいかがでしたか？　たとえ一軒でも「行きたい！」と思った風俗店があったら幸いですし、本書の意義もあるというものです。

御存知の方も多いと思いますが、現在、風俗業界全体が以前よりも活気がありません。とくにここ最近の若い世代の風俗離れは著しいものがあります。

私は風俗ライターとして数多くの風俗店、キャストさんを取材していますが、客層を尋ねると40代以上が中心という答えばかりです。事実、本書に掲載した『ぽつん風俗』物件は店舗型風俗店なので待合室があります。大抵が『ぽつん風俗』ゆえに先客がいないということばかりでしたが、時には待合室に4、5人が待っているということもありました。しかしそういう時も待機しているのは中高年者ばかりでした。また、他の店舗型風俗店、受付があるホテルヘルスの待合室で先客がいてもアラフィフ世代の筆者が一番年下という状況が多々あります。つまり、それだけ客の高齢化が進んでいるということです。

理由はさまざまですが、とどのつまり風俗で遊ぶよりも楽しいことがある。それだけです。それが1台のスマホで、手のひらの中だけで完結してしまうことだったり、ＳＮＳで拡散して気持ち的にスッキリすればそれでヨシということでしょう。そして、風俗はそこに割り込めていない。それだけです、現在の風俗産業の現状は。

また、ユーザーサイドの男性だけではなく、働く側のキャストサイドの女性も風俗離れが起きています。たとえば、女性が風俗業界で働く理由のほとんどが借金返済。つまり、お金が必要という状況ですが、現在はスマホの中で仮想通貨などをいじっていた方が堅実と考える人が増えています。このようなさまざまな要因と原因が重なった結果が現在の風俗産業の停滞ではないでしょうか。

このように遊ぶ人も働き手も減少していく一方の風俗業界です。

このままでは風俗産業がなりたたなくなるのではないか、という声も聞かれます。近々の問題として２０２０年の東京オリンピック開催にあたって多くの風俗店が廃業せざるを得ないのではないか？　そのような声も聞こえてきます。さすがに全滅するということは有り得ないでしょう。それでも多かれ少なかれ風俗業界の活気が削がれることが起こるというのが業界では定説になっています。

本書で取り上げた『ぽつん風俗』の未来はどうなるのでしょうか？

正直、いつまで存在するかは分かりません。ポツンと建っている物件ゆえに土地開発で立ち退きになる可能性も大いにあります。現在の法律・条令では新規の店舗型風俗店を開業することが難しいため、増えることはない。これは断言できます。

しかし、個人的な願望がかなり入っていますが、筆者は「『ぽつん風俗』は生き延びるのではないか？」と思うのです。

『ぽつん風俗』をはじめ、いまある店舗型風俗店はいずれもちゃんとしたお店です。二十数年前の風俗業界では無許可店が横行していましたが、浄化作戦によってそれらは廃業に追い込まれました。たとえどんなに見た目が怪しかったとしても、『ぽつん風俗』はシッカリと許可を得て営業をしてきた優良店。風俗において、安心して利用できるというのはなにより大きなメリットです。

そして、筆者以外にもこうして『ぽつん風俗』を面白がってくれる方々が存在すること。これが『ぽつん風俗』の未来にとって一番の明るい材料でしょう！

私は好奇心の赴くままに、これまで色々な風俗店で遊んできました。その中に『ぽつん風俗』があったわけですが、最初からその存在を意識していたわけではありません。

自分の経験を第三者に話すとき、「いかにも民家的な外観で……」、「商店街の中にあって……」などと店の外観や立地状況を説明すると、興味を持ってくれる人が少なくなかったのです。そこで4、5年前からそうした特殊なシチュエーションにある店舗型風俗店を『ぽつん風俗』と定義づけて意識して探すようになりました。

するとそうした行動に興味を持ってくれる人が現れ、徐々に『ぽつん風俗』の輪が広がっていきました。風俗情報サイトなどに『ぽつん風俗』に関する原稿を書かせていただくようになり、それらをまとめて本にすることもできました。そうした記事を読んで、「自分も体験してみよう」という方が1人でも出てきたとしたら……、『ぽつん風俗』は続いていくのではないかと思うのです。

本書は私自身が一人で『ぽつん風俗』に潜入したレポートです。しかし、私一人で成り立つものではありません。まず、何よりも『ぽつん風俗』の存在を面白がって企画を提案してくださった編集担当の権田さんには感謝しかありません。また、株式会社彩図社の営業担当の方々、関係者の皆様にも御礼を申し上げます。ありがとうございました。そして、なによりも最後まで読んでくださった皆様。『ぽつん風俗』を支えている皆様のおかげで本書は成立しています。ありがとうございます。日本には本書で取り上げた以外にも『ぽつん風俗』は多々ありますし、私のネタもまだまだあります。もしも機会がありましたら、第二弾でお会いできますと幸いです。最後までありがとうございました。

２０１８年5月　筆者記す

■ 著者紹介

子門仁（しもん・じん）
1970年前後に東京都足立区に生まれる。18歳から放送作家・ライターになり現在は都内で農産物の貿易、営業に関わるため素性を明かせず。その傍らで趣味の風俗店巡りで得た経験を各媒体に執筆中。風俗ライター集団 F.M.W（風俗マニアライターズ）所属。
Twitter アカウントは @fuuzoku_m_write

カバーイラスト：海東鷹也

ぽつん風俗に行ってきた！

平成30年7月5日 第1刷

著　者　子門仁

発行人　山田有司

発行所　株式会社　彩図社
東京都豊島区南大塚3-24-4
MTビル　〒170-0005
TEL:03-5985-8213　FAX:03-5985-8224
http://www.saiz.co.jp
https://twitter.com/saiz_sha

印刷所　新灯印刷株式会社

　ISBN978-4-8013-0309-6 C0195